WESTEND

Friedhelm Hengsbach SJ, Jahrgang 1937, ist Deutschlands führender Sozialethiker; bis 2006 war er Professor für Christliche Gesellschaftsethik an der Philosophisch-Theologischen Hochschule Sankt Georgen in Frankfurt am Main und Leiter des Oswald von Nell-Breuning-Instituts für Wirtschafts- und Gesellschaftsethik. Er lebt und arbeitet in der Katholischen Akademie Rhein-Neckar in Ludwigshafen (Rhein). 2012 erschien von ihm im Westend Verlag *Die Zeit gehört uns: Widerstand gegen das Regime der Beschleunigung*.

Friedhelm Hengsbach

Teilen, nicht töten

WESTEND

Mehr über unsere Autoren und Bücher:
www.westendverlag.de

Die Deutsche Nationalbibliothek verzeichnet diese
Publikation in der Deutschen Nationalbibliografie;
detaillierte bibliografische Daten sind im Internet
über http://dnb.d-nb.de abrufbar.

ISBN 978-3-86489-069-7
© Westend Verlag GmbH, Frankfurt/Main 2014
Umschlaggestaltung: Max David, Westend Verlag
Satz: Publikations Atelier, Dreieich
Druck und Bindung: CPI – Clausen & Bosse, Leck
Printed in Germany

Inhalt

Vorwort

»Die Wolken am Himmel und die Richtung des Windes könnt ihr deuten. Warum nicht die Zeichen dieser Zeit?« Ein Satz aus dem Lukas-Evangelium hat mich angeregt, dieses Buch zu schreiben, um für das Teilen zu werben. Denn ein Zeichen der gegenwärtigen Zeit sehe ich in dem verweigerten Teilen: An der Peripherie einer Welt des Wohlstands entlädt sich eine Gewalt, die mit Waffen wütet, die im Zentrum hergestellt und für das Töten geliefert werden. Sie treibt zahllose Menschen in eine ausweglose Flucht vor Verfolgung und Entbehrung bis an die Grenzen und in die Vorhöfe des Zentrums.

Ein weiteres Zeichen der gegenwärtigen Zeit erkenne ich in der Wiederentdeckung des Teilens: Während die weiter schwelende Bankenkrise in eine reale Wachstumsschwäche mutiert, kündigen sich ein mentaler Wechsel und ein Umdenken an. Immer mehr Menschen zweifeln an der Überzeugungskraft jener Denkströmung, in der es angeblich nur darauf ankomme, dass die einzelnen im Wettbewerb gegeneinander den eigenen Vorteil suchen, während der Markt es schon richten werde, dass der erzeugte Wohlstand auf alle verteilt wird.

Aufgeschlossene Ökonomen stellen zudem fest: Die herkömmliche Wirtschaftstheorie ist wirklichkeitsfremd und irrt, wenn sie ein Menschenbild unterstellt, in dem soziale Beziehungen und solidarisches Empfinden ausgeschlossen sind. Sie beobachten: Die gesamtwirtschaftliche Leistung wächst, gleichzeitig wächst die soziale Ungleichheit. Die kapitalistische Dynamik vertieft die gesellschaftliche Spaltung zwischen privilegierten und benachteiligten Gruppen. Sie zersetzt die Solidarität der Länder mit den Kommunen in Deutschland, in der Europäischen Union und an deren Grenzen. Sie untergräbt die Zustimmung breiter Bevölkerungsgruppen zur Demokratie.

Welche Entscheidungs- und Handlungsimpulse sollten diese Zeichen auslösen? Mich bewegt ein Wechsel folgender Prioritäten: Menschen, die bisher um sich selbst kreisen und in sich selbst verschlossen sind, öffnen nun ihren Mitmenschen den gleichen Raum, den sie für sich beanspruchen. Die Jagd nach einem ziellosen Wachstum, das erst die Voraussetzung für eine nachrangige Verteilung der Güter bildet, wird als dumm und schädlich verurteilt. Individuelle Begabungen und Leistungen gelten als geringfügig im Vergleich zu der Überzeugung, dass die Menschen als Gleiche geboren werden und gleiche Rechte haben. Die Umverteilung eines bereits privat angeeigneten Reichtums kommt immer zu spät. Deshalb sollte die Entscheidung über das Niveau und die Richtung der Güterproduktion sowie über ihre Verteilung bereits an der Quelle erfolgen, wenn die Güter entstehen. Eine Gesellschaft mit einer eher ausgewogenen Verteilung der Einkommen und Vermögen hat eine größere Chance, nach innen und außen Wohlstand und Frieden zu schaffen – ohne Waffen. Deshalb scheint mir die eindringliche Bitte gerechtfertigt: »Teilen, nicht töten!«

1 Die Auslöser

Zu Beginn des neuen Jahrhunderts hatte Wolfgang Thierse behauptet: »Die Gerechtigkeitsfrage ist in die Gesellschaft zurückgekehrt.«[1] Mehr als zehn Jahre danach stellte der Leiter des Instituts für Weltwirtschaft, Dennis Snower, fest, dass die Wirtschaftswissenschaft sich von einem Menschenbild verabschiede, das moralische Werte, soziale Normen und menschliche Beziehungen ausklammert. Das Kieler Institut habe »seinen Bereich von der traditionellen Konzentration auf Effizienzprobleme hin zu Gerechtigkeitsproblemen erweitert«.[2] Eine breite Öffentlichkeit kritisiert bereits seit Jahren die zunehmend ungleiche Verteilung des gesellschaftlichen Reichtums. Erleben wir einen Gezeitenwechsel im Urteil darüber, was der Wirtschaft und dem Staat zu tun geboten ist?

Ich bin beim Schreiben dieser Schrift von zwei Autoren inspiriert worden, die im vergangenen Jahr die soziale Ungleichheit und gesellschaftliche Polarisation thematisiert und eine ungewöhnliche Resonanz gefunden haben. Es handelt sich um Papst Franziskus und den französischen Ökonomen Thomas Piketty.

Papst Franziskus

»Diese Wirtschaft tötet.«[3] So urteilt der Papst über die sozioökonomischen Verhältnisse, denen sich die Mehrheit der Menschen und auch viele Christen wie einem unabwendbaren Schicksal ausgeliefert sehen.

Prophetische Kritik

Den anonymen Mechanismen setzt der Papst ein vierfaches radikales »Nein« entgegen. Er sieht ganze Gruppen der Bevölkerung aus dem gesellschaftlichen Leben ausgeschlossen, wie Müll und Abfall behandelt. Er wehrt sich dagegen, dem Fetischismus des Geldes und der Logik des Marktes eine religiöse Weihe zu verleihen und sie anzuhimmeln. Er verurteilt die Vorherrschaft der Finanzmärkte, die der Realwirtschaft nicht dienen. Und er warnt vor der wachsenden sozialen Ungleichheit, aus der gesellschaftliche Konflikte und Kriege hervorgehen. Die politischen und wirtschaftlichen Führungseliten sollten die Worte eines Bischofs aus der frühen Kirche beherzigen: »Die eigenen Güter nicht mit den Armen zu teilen bedeutet, diese zu bestehlen und ihnen das Leben zu entziehen. Die Güter, die wir besitzen, gehören nicht uns, sondern ihnen.«[4]

Über diese Aussagen des Papstes, die er einer programmatischen Schrift zu Beginn seiner Amtszeit eingefügt hatte, sind deutsche Wirtschaftsjournalisten hergefallen: Der Papst irrt, er urteilt pauschal und wenig differenziert, er versteht nicht, wie die Wirtschaft funktioniert, er ist auf seine Erfahrungen in Argentinien fixiert und kennt die segensreichen Wirkungen der sozialen Marktwirtschaft nicht, die erfolgreicher als Almosen den Wohlstand vermehrt.

Den Armen der erste Platz

Seltsam, dass die Wirtschaftsjournalisten von den 270 Seiten des päpstlichen Schreibens neun Seiten herausgegriffen und das Hauptanliegen überlesen haben: Die Menschen in den reichen Ländern und vor allem die Christen sollen den Schrei der Armen hören. Dieser Schrei hat aus biblischer Sicht eine religiöse Dimension, weil der Gott Israels das Schreien seines Volkes im Sklavenhaus Ägypten gehört und es aus diesem Schmelzofen befreit hat. Heute ist es der Schrei derer, denen der gerechte Lohn vorenthalten wird, der Migranten, die illegal in privaten Haushalten Kranke pflegen, der Frauen, die man als Handelsware vermarktet, der Kinder, die zum Betteln vorgeschickt werden. Diesen weggeworfenen Armen sollen die Gesellschaft und die Kirchen einen bevorzugten Platz einräumen und sie in ihrer Würde respektieren. Armut in reichen Ländern ist nämlich ein Indiz dafür, dass die erwirtschaftete Gütermenge, die für alle ausreicht, ungleich verteilt ist. Deshalb klingt das Vertrauen auf die unsichtbare Hand des Marktes oder die automatischen Sickereffekte des Wohlstands naiv. Vielmehr verweist der Grundsatz, dass die Güter der Erde für alle bestimmt sind, die Rolle der Privatwirtschaft und des Privateigentums auf den zweiten Rang. Das Wachstum der Gerechtigkeit habe Vorrang vor einem Wachstum der Wirtschaft, meint der Papst.

Thomas Piketty

Ein vergleichbares Aufsehen wie der Papst löste der französische Ökonom Thomas Piketty mit seinem Buch *Das Kapital im 21. Jahrhundert* aus.[5] In den USA wurde Piketty als Star einer neuen Weltformel gefeiert, sein Buch als »Wasserscheide« bezeichnet, die unsere Vorstellungen über die Wirtschaft und die Politik verändere.

Was Piketty beunruhigt, ist gerade diese sich öffnende Schere zwischen armen und reichen Bevölkerungsgruppen in einer demokratischen Gesellschaft. Was reißt Gesellschaften auseinander, was hält sie zusammen? In seinen Forschungen sucht er nach einer Antwort, die empirische Daten, ökonomische Theorien sowie geschichtliche, politische und soziale Perspektiven miteinander verbindet. Seit der industriellen Revolution hat sich im 19. Jahrhundert die Verteilung der Einkommen von Managern und Arbeitern gespreizt. Aber viel stärker und schneller als das Arbeitseinkommen ist das Kapitaleinkommen gewachsen, weil das Wachstum der Kapitalrendite über das Wachstum des Volkseinkommens hinausgeht. »Kapital« ist bei Piketty ein Sammelbegriff für Grund und Boden, Häuser, Wertpapiere, Geld und Patente. Durch Arbeiten als Arzt oder Rechtsanwalt könne man nicht reich werden, wohl aber dadurch, dass man eine Frau aus begütertem Hause heirate, belehrt ein kriminelles Genie aus dem feudalen Frankreich einen mittellosen Adligen, wie Piketty der zeitgenössischen Literatur entnimmt.

Mit dem Ersten Weltkrieg beginnt eine historische Ausnahmesituation, die tendenziell Mitte der 1970er Jahre endet. Während der »Trente glorieux« in Frankreich oder des deutschen »Wirtschaftswunders« sinkt die Wachstumsrate der Kapitaleinkommen unter die der Arbeitseinkommen. Welche Gründe nennt Piketty dafür? Die massive Vernichtung von Kapital während der Kriegszeiten, verschärfte Steuer- und komfortable Sozialgesetze, ein hohes Wirtschafts- und Bevölkerungswachstum, den technischen Fortschritt und die höhere Bildungskompetenz der Beschäftigten. Aber seit den 1980er Jahren verheißen marktradikale Ökonomen in den USA, in Großbritannien und Deutschland einen Ausweg aus der Wirtschaftskrise, wenn nur die Selbstheilungskräfte des Marktes entfesselt, die Steuern gesenkt, die öffentlichen Ausgaben gekürzt und die Lohnforderungen gezügelt werden. In der Folge sinken die Wachstumsraten, während die Kapitalrenditen steigen.

Wenn sich diese Entwicklung fortsetzt, wird in den reifen Industrieländern im 21. Jahrhundert das 19. Jahrhundert zurückkehren: Das Gewicht des Kapitals wird zunehmen und sich bei wenigen konzentrieren. Einer kleinen Gruppe wird ein extrem hoher Anteil des Volkseinkommens und vor allem des Volksvermögens gehören, während der größere Teil der Bevölkerung über kaum mehr als das Arbeitsvermögen verfügt. Allerdings wird sich das Gesicht des Kapitalismus ändern: Neben die Klasse der Vermögenseigentümer treten reiche Angestellte, Unternehmensmanager und

Finanzinvestoren mit hoher Bildungskompetenz. Sie eignen sich die Produktivitätszuwächse an, weil sie ihre Vergütung selbst festsetzen oder mit dem Aufsichtsrat darüber verhandeln können. In der Folge wächst die Bandbreite der Mittelklasse, indem Vermögen auf nachfolgende Generationen übertragen und damit gestreut wird. Allerdings bleibt es wegen der relativ geringen Kinderzahl der Vermögenseigentümer wohl bei der Konzentration des Kapitals. Die Klassengesellschaft hört mit dem »Erben-Kapitalismus« nicht auf zu existieren. Die Reichen werden reicher, die Armen bleiben arm. Und dies nicht auf Grund persönlicher Leistung, sondern durch glückliche Umstände, vermögende Eltern oder die Inflation. Ausflüge in die Lyrik, dass etwa die Flut alle Boote hebt oder auch die Spatzen zu fressen haben, wenn die Pferde gut genährt sind, verschleiern lediglich ökonomische Legenden.

Als Gegengift gegen die politisch bedrohliche Ungleichheit der Einkommen und Vermögen empfiehlt Piketty eine bis zu 75 Prozent progressive Einkommensteuer und eine globale progressive Vermögensteuer, die bei Millionären bis zu 80 Prozent gehen könnte. Falls diese weltweit nicht durchsetzbar ist, sollten die EU und die USA damit anfangen, sie regional einzuführen.

Im Vorkrieg

Die Warnlampen eines sozioökonomischen Szenarios, das Piketty ausmalt, wenn nicht politische Gegenkräfte mobilisiert werden, sind für Papst Franziskus bereits aktuell erkennbare »Zeichen der Zeit«. Die politische Klasse, die Führungskräfte der Wirtschaft und die Medien deuten derzeit die wachsenden Flüchtlingsbewegungen überwiegend als Folgen von religiösen Konflikten und blindwütigem Terrorismus, denen schnell und alternativlos mit militärischer Gewalt zu begegnen sei. Warum werden bei aller aufgeheizten Erregung die ökonomischen, politischen und auch geschichtlichen Hintergründe der Kämpfe im Nahen Osten verschwiegen? Unverzügliche humanitäre Hilfe und die Bereitschaft, Flüchtlinge großzügig aufzunehmen, sind unmittelbar geboten. Aber es ist fahrlässig, in einer derartigen Alarmstimmung ethische Bedenken einfach auszuschalten – ob eindeutig feststeht, wer gegen wen zu verteidigen ist, ob ein Frieden sich durch Waffeneinsatz herbeibomben lässt, ob eine militärische Strategie, die sich in Kriegen zwischen Staaten bewährt hat, in nichtstaatlichen Konflikten überhaupt Erfolg verspricht. Aber die öffentliche Debatte war bereits politisch vorgefärbt von relativ abstrakten Erwägungen: Soll ein Industrieland wie Deutschland sich damit vertraut machen, Ressourcenwege auch militärisch zu sichern? Oder ist die Bundeswehr stärker an Militäreinsätzen in Krisengebieten zu beteiligen, die von den Vereinten Nationen angeordnet wurden?

Waffen töten, was sonst? Aber dem Einsatz von Waffen gehen soziale Ungleichheit, hegemoniale Wirtschaftsmacht, imperiale Herrschaftsansprüche voraus, die für die jeweils Unterlegenen tödlich sind. Deutschland befindet sich gegenüber europäischen Mitgliedsländern und gegenüber arabischen Volksgruppen in einer Art »Vorkrieg«, der in einen Krieg münden kann. Wie der Vorkrieg aussieht, hat Christa Wolf in ihrem Buch *Kassandra* anschaulich beschrieben.[6] Dem realen Krieg eilen kriegerische Deutungsmuster voraus. Wann der Krieg beginnt, kann man wissen. Aber wann beginnt der Vorkrieg? Während niemand vom Krieg spricht. Denn erst muss der Sprachkrieg beginnen, indem von einem »Überfall« gesprochen, für sich selbst der »Verteidigungsfall« angenommen und ein »Feind« aufgebaut wird. Im Krieg will dann niemand mehr seine Entstehungsgründe wissen; alle beschäftigt nur ein einziger Gedanke: Wie kann er beendet werden? Die Ausweglosigkeit der militärischen Konflikte und ihrer Folgen in der Ostukraine, in Palästina, im Irak, in Libyen und in

Afghanistan sowie die 3 000 Flüchtlinge, die allein von Januar bis September 2014 im Mittelmeer ertrunken sind, machen das kritische Urteil des Papstes verständlich: Eine Wirtschaft, die ausgrenzt, soziale Ungleichheit erzeugt und Gewalt hervorbringt, tötet.

2 Panorama sozialer Ungleichheit

»Wir sind noch mal davongekommen!« Bis in den Herbst 2014 blieb die allgemeine Stimmungslage in Deutschland von der weiterhin schwelenden Bankenkrise, der hohen Arbeitslosigkeit in den südeuropäischen Ländern und den rivalisierenden Vorstellungen der Mitgliedsländer über die Zukunft Europas ziemlich unberührt. Die Zahl der Beschäftigten auf Rekordniveau, die Exportindustrie ungebrochen wettbewerbsfähig, steigende Reallöhne, Sozialkassen im Überschuss, hohe Steuereinnahmen: »Deutschland geht es gut«, strahlt die Kanzlerin. Hat sie recht? Nur dann, wenn sie die Schatten einer wachsenden sozialen Ungleichheit ausblendet.

Ungleiche Arbeit, Löhne, Einkommen, Vermögen

Arbeit

Die Zahl der registrierten Arbeitslosen ist 2014 unter drei Millionen gesunken. Aber zu ihnen müsste die sogenannte stille Reserve hinzugezählt werden. Diese besteht aus Arbeitsuchenden, die nicht registriert sind oder die Suche nach einer Arbeitsgelegenheit entmutigt aufgegeben haben oder die sich an den Maßnahmen der aktiven Arbeitsmarktpolitik beteiligen oder sich in Warteschlangen des Berufs- und Ausbildungssystems aufhalten oder die vorzeitig aus dem Erwerbsleben ausgeschieden sind. Wer unter die Maßnahmen der aktiven Arbeitsmarktpolitik fällt, gilt statistisch nicht als »arbeitslos«. Folglich klingt die Erfolgszahl von drei Millionen aufgehübscht. Die Zahl der sozialversicherungspflichtig Beschäftigten bleibt um etwa ein Drittel hinter dem allgemeinen Beschäftigungsanstieg zurück. Wer keine Sozialbeiträge zahlt, kann auch keine Rentenansprüche anmelden.

Fakt ist: Am Beschäftigungsaufbau von mehr als drei Millionen Personen seit der deutschen Wiedervereinigung hatten die atypischen Arbeitsverhältnisse einen überdurchschnittlichen Anteil. Dazu gehören befristete Arbeit, Leiharbeit, Minijobs und geringfügige Arbeit unter zwanzig Wochenstunden. Gleichzeitig sank die Zahl der Normalarbeitsverhältnisse um mehr als zwei Millionen.

Löhne

Der Anstieg der Bruttomonatsverdienste aller Beschäftigten ist von 1991 bis 2012 durch erhöhte Verbraucherpreise aufgezehrt worden. Während die Produktivität je Erwerbstätigenstunde um mehr als 36 Prozent stieg, sanken die Reallöhne um 1,6 Prozent. Nur in den letzten fünf Jahren, von 2007 bis 2012, sind die Bruttoverdienste stärker als die Verbraucherpreise gestiegen. Aber der Lohnabstand hat sich vergrößert. Arbeitnehmer in leitender Stellung und herausgehobene Fachkräfte haben überdurchschnittlich, Fachkräfte und angelernte Arbeitnehmer unterdurchschnittlich verdient. In der Erdöl- und Erdgasgewinnung sind Monatsverdienste von nahe 7 000 Euro brutto üblich, am unteren Ende liegen Gastronomie und Beherbergung mit 2 000 Euro. Die Entwicklung der Löhne ist hinter der Entwicklung der Wertschöpfung zurückgeblieben, die abhängig Beschäftigten konnten also den ihnen zustehenden Verteilungsspielraum nicht ausschöpfen.

In Deutschland arbeitete 2011 fast ein Viertel aller Beschäftigten – das sind mehr als acht Millionen Personen – für einen Lohn, der unter der Schwelle von 9,14 Euro liegt. Das Risiko, für einen Niedriglohn zu arbeiten, trifft am meisten diejenigen, die einen Minijob angenommen haben, zudem Ausländer, unter 25-Jährige und befristet Beschäftigte. Dabei ist die große Mehrheit der Niedriglohnbeschäftigten formal qualifiziert, hat eine Berufsausbildung abgeschlossen oder sogar einen akademischen Grad. Die durchschnittlichen Stundenlöhne im Niedriglohnsektor liegen bei etwas mehr als sechs Euro. Den Minijobbern werden häufig nur die tatsächlich geleisteten Stunden vergütet; Urlaub und Lohnfortzahlung im Krankheitsfall gibt es für sie oft nicht.

Einkommen

Ein Blick auf jene zehn Einkommensstufen (Dezile), in die man die Haushalte einordnet, lässt erkennen, wie unterschiedlich sich die verfügbaren bedarfsgewichteten Pro-Kopf-Einkommen – das sind Erwerbs- und Kapitaleinkommen, Renten und Pensionen und staatliche Transfers abzüglich Steuern und Sozialbeiträgen – in zehn Jahren (2000 bis 2011) entwickelt haben. Das oberste Zehntel konnte seine Einkommen um 13 Prozent steigern, das neunte um vier, das achte um drei Prozent. Beim siebten bis fünften Zehntel stagnierten die Einkommen. Und die letzten vier Zehntel hatten wegen der Ausweitung des Niedriglohnsektors und der niedrigen Alterseinkommen Einkommensverluste bis zu fünf Prozent. Das Einkommensniveau im Osten Deutschlands lag durchschnittlich um ein Fünftel unter dem des Westens.

Vermögen

Das Nettovermögen der privaten Haushalte in Deutschland (Sach- und Geldvermögen, Beteiligungsvermögen, Eigentumsrechte) betrug 2012 mehr als sechs Billionen Euro. Für den einzelnen Erwachsenen sind dies im Durchschnitt 83 000 Euro. Den reichsten zehn Prozent aller Haushalte gehörten 2011 mehr als 59 Prozent des Nettovermögens aller Haushalte. Dagegen hatten 28 Prozent der erwachsenen Bevölkerung überhaupt kein Vermögen oder waren verschuldet. Ein Vermögensgefälle um mehr als die Hälfte besteht zwischen Westdeutschen und Ostdeutschen. Arbeitslose hatten im Zeitablauf deutliche Vermögensverluste. Das Vermögen, das dem obersten Zehntel der nach dem Einkommen gestuften Bevölkerung durchschnittlich zur Verfügung steht, übersteigt das Vermögen des untersten Zehntels um das 14-Fache.

Das öffentliche Nettovermögen, als »staatliches Reinvermögen« definiert, ist 1991 bis 2011 von knapp 800 Milliarden Euro auf 11,5 Milliarden Euro geschmolzen. Dieser Vermögensabbau ist verursacht durch eine rückläufige Investitionstätigkeit des Staates, den Wertverlust der öffentlichen Infrastruktur, den Verkauf öffentlichen Vermögens an Private, durch höhere Sozialausgaben und die Finanzierung des Aufbaus Ost. Dem Schrumpfen des öffentlichen Vermögens stehen die beträchtlichen Zuwächse des Nettovermögens der privaten Haushalte gegenüber, von knapp 4,6 auf rund zehn Billionen Euro. Öffentliche Armut korrespondiert mit einem exzessiv zugelassenen und geförderten privaten Reichtum.

Ungleiche Chancen für Männer und Frauen

Die Mädchen gewinnen zwar während der Schulzeit einen Qualifikationsvorsprung gegenüber den Jungen, aber dieser endet am Schulausgang. Bei den atypischen Arbeitsverhältnissen hielten die Frauen 2011 einen Anteil von mehr als 70 Prozent, bei den Minijobs knapp 78 Prozent, bei der Teilzeitbeschäftigung 86 Prozent. Nur rund jeder 15. Mann, aber gut jede dritte Frau waren teilzeitbeschäftigt. Minijobs sind für viele Frauen eine Sackgasse, weil ihnen der Übergang in eine reguläre Beschäftigung nicht gelingt. Frauen arbeiten unabhängig von ihrer Qualifikation deutlich häufiger als Männer für einen Niedriglohn. Jede sechste erwerbstätige Frau bezieht einen Stundenlohn unter sieben Euro. Selbst mit einer abgeschlossenen Berufsausbildung tragen Frauen ein Niedriglohnrisiko, das fast doppelt so hoch ist wie das der Männer. Die durchschnittlichen Bruttostundenverdienste für Frauen liegen um mehr als ein Fünftel niedriger als die für Männer, bei den Bruttojahresverdiensten beträgt die Differenz mehr als ein Drittel.

Der Abstand ist bedingt durch die geschlechterbezogenen Unterschiede der Berufe und Branchen, in denen Frauen arbeiten, die Arbeitszeit, die unterbrochene Erwerbsbiografie, die unbezahlte Arbeit in der Privatsphäre bei der Kinderbetreuung und die Berufserfahrung. Wird das gesamte Bruttoeinkommen betrachtet, erreichen Frauen weniger als die Hälfte des Einkommens der Männer. Die Frauen sind stark in den unteren Einkommensklassen konzentriert, die Männer dominieren in der Einkommensklasse ab 75 000 Euro. Ein Gewinneinkommen beziehen nur halb so viele Frauen wie Männer. Das individuelle

Vermögen von Frauen lag 2012 bei weniger als drei Viertel eines Vermögens, über das Männer verfügten. In den Vorständen der 200 umsatzstärksten Unternehmen lag der Frauenanteil 2009 bei 2,5 Prozent, in den Vorständen der hundert Spitzenunternehmen unter 1 Prozent.

Ungleiche Bildungszugänge

Die Bildungschancen von Kindern und Jugendlichen in Deutschland hängen nicht in erster Linie von ihrem persönlichen Leistungspotential ab, sondern von der Klassenzugehörigkeit, dem Bildungsstand und dem Bildungsinteresse der Herkunftsfamilie. Soziale Ungleichheit wird durch Bildungsprozesse nicht aufgehoben, sondern lange vor der Grundschule und an den Nahtstellen der Bildungsbiografie festgeschrieben. Der durchschnittliche Anteil der Kinder aus bildungsnahen Bevölkerungsklassen, die ein Gymnasium besuchen, ist mehr als viermal so hoch wie der Anteil der Kinder aus Facharbeiterfamilien. Fast die Hälfte der Hauptschüler kommt aus dem untersten Viertel der Bevölkerung, während rund die Hälfte der Gymnasiasten dem obersten Viertel der Bevölkerung entstammt. Ein Hochschulstudium beginnen nur 6 Prozent der Arbeiterkinder, dagegen knapp 50 Prozent der Kinder aus wohlhabenden und bildungsinteressierten Familien.

Die frühe Auslese für weiterführende Schulformen überfordert Kinder und Eltern. Mit der Entscheidung für die Schulform werden die Weichen für die spätere Berufslaufbahn gestellt. Die Wahrscheinlichkeit, dass Eltern aus der oberen Einkommensklasse bei gleichem Leistungspotential des Kindes sich für das Gymnasium entscheiden, ist neunmal höher, als un- und angelernte Arbeiter dies tun. So kommt es, dass ein Drittel der Schülerinnen und Schüler auf einer für sie falschen Schule lernen. Der deutschen Halbtagsschule fehlt die Zeit, die Defizite sozial benachteiligter und bildungsferner Familien auszugleichen. Eltern, die über viele Ressourcen verfügen, finanzieren ihren Kindern Nachhilfeunterricht, Auslandsaufenthalte oder den Besuch einer Privatschule. Warum sind zwei Drittel der deutschen Eltern mit dem Ausleseverfahren des deutschen Bildungssystems und der frühen Trennung nach Schulformen zufrieden? Vermutlich deshalb, weil sie die eigenen Kinder auf Realschulen und Gymnasien vor den Kindern sozial schwacher Familien und Migranten bewahrt sehen.

Zunehmende Polarisierung

Polarisierung ist anders zu bewerten als soziale Ungleichheit. Diese verändert ihr Profil, wenn die oberen und unteren Ränder der Einkommensverteilung, also die untere und die obere Einkommensklasse, auseinanderrücken, wenn nicht nur die Abstände zwischen ihnen, sondern deren Anteile größer werden, während der Anteil der Mittelklasse sinkt. Die obere Klasse erzielt reale Einkommensgewinne, die untere erleidet reale Einkommensverluste. Eine solche Polarisierung ist in Deutschland seit dem Beginn des Jahrhunderts zu beobachten. Diejenigen, denen mehr als 200 Prozent des bedarfsgewichteten Pro-Kopf-Einkommens des mittleren Haushalts zufließen, haben 1998 bis 2011 ihren Anteil um mehr als ein Fünftel erhöht. Der Anteil jener Personen, die mit weniger als 50 Prozent des gewichteten Pro-Kopf-Einkommens des mittleren Haushalts auskommen müssen, ist um erheblich mehr als ein Drittel gestiegen.

Ein krasser Vorgang der Polarisierung ist die Explosion der Managergehälter im Zuge der Annäherung deutscher Unternehmen an die angloamerikanischen Gehaltsstandards. Sie hat mit der Übernahme des US-amerikanischen Konzerns Chrysler durch Daimler-Benz unter dem damaligen Vorstandsvorsitzenden

Jürgen Schrempp begonnen. Während 1989 die Vorstände der größten börsennotierten Unternehmen ein Jahresgehalt von umgerechnet einer Viertelmillion Euro bezogen, stieg dieses bis 2010 auf sechs Millionen Euro an. Der Abstand zum durchschnittlichen Entgelt eines Arbeiters erhöhte sich von 20 zu 1 auf 200 zu 1. Im Jahr 2010 bezog der Vorstandsvorsitzende von VW, Martin Winterkorn, ein Jahresgehalt von 17 Millionen Euro. Zum laufenden Gehalt sind die Betriebsrenten in zweistelliger Millionenhöhe zu addieren. Mit der Polarisierung der Einkommen ist eine räumliche Polarisierung insbesondere in den großen Städten verbunden. Angehörige der unteren Einkommensklasse konzentrieren sich in solchen Quartieren, in denen die Mietwohnungen für sie bezahlbar sind. Es sind die Stadtviertel mit niedriger Wohnqualität und geringem sozialen Prestige. Ihnen haftet das Stigma von Armenvierteln an. Indem die Wohnungsversorgung weithin der Marktlogik folgt und der soziale Wohnungsbau vernachlässigt bleibt, verläuft die räumliche Polarisierung ungebremst.

Steigende Armut

Armutslagen sind das extrem untere Ende einer Skala, deren oberes Ende durch extremen Reichtum gekennzeichnet ist. Die abweichenden Definitionen von Armut belegen, wie begrenzt die Versuche sind, arme Menschen von außen oder von oben zu beobachten und sich ihnen zu nähern. Armut lässt sich auch begrifflich nicht wertneutral fassen. In der Europäischen Union hat sich die Definition der Armutsgefährdung beziehungsweise des Armutsrisikos durchgesetzt. Damit ist eine relative Armut von 60 Prozent des mittleren Einkommens gemeint. Zudem hat sich ein neuer Name für Armut verbreitet: »sozialer Ausschluss«, Exklusion. Mit dieser Bezeichnung wird die sozioökonomische und politische Dimension der Armut in den Blick genommen, der Verlust der Erwerbstätigkeit und der Beteiligung am gesellschaftlichen Leben. Zugleich wird mit diesem Begriff das Wechselverhältnis von Armen und Nichtarmen angedeutet, nämlich sich »drinnen« oder »draußen« zu empfinden.

Die Armutsrisikoquote misst den Anteil der Personen mit einem Einkommen unterhalb der Armutsrisikoschwelle. Sie lag in Deutschland während der 1990er Jahre bei 12 Prozent, stieg bis 2005 auf 15 Prozent, stagnierte in der Folgezeit und stieg 2011 auf über 16 Prozent, in Ostdeutschland auf 20 Prozent. Überdurchschnittlich vom Armutsrisiko betroffen waren Arbeitslose, Alleinerziehende, Migranten, ältere Personen und Haushalte mit mehreren Kin-

dern. Kinder werden derzeit als die größte Armuts-
gruppe angesehen, jedes siebte Kind in Deutschland
ist dem Armutsrisiko ausgesetzt.

Arme sind häufiger krank und sterben früher als
Nichtarme. Arme Kinder sind überdurchschnittlich
von Krankheiten mit seelischer, körperlicher und sozialer Belastung betroffen. Bei armen Jugendlichen
sind Schlafstörungen, Kopf- und Magenschmerzen
auffällig sowie das Empfinden von Einsamkeit, aus
der Gruppe Gleichaltriger ausgeschlossen zu sein.

Vermehrter Reichtum

»Nicht nur Armut, sondern auch Reichtum muss ein
Gegenstand der politischen Debatte sein«, haben die
beiden Großkirchen vor mehr als 15 Jahren gefordert.[7] Die Regierungen haben bereits viermal mit einem Armuts- und Reichtumsbericht darauf reagiert.
Allerdings sind Beschreibung und Analyse des Reichtums ein weißer Fleck geblieben.

Lässt sich der blinde Fleck der Ahnungslosigkeit
durch eine begriffliche Präzisierung auflösen? Häufig wird versucht, Haushalte mit einem Einkommen,
das doppelt so hoch ist wie das mittlere bedarfsge-
wichtete Pro-Kopf-Einkommen, als reich einzustu-
fen. Diese Vorgehensweise klingt abwegig, wenn solche Einkommen, die allenfalls Höherverdienende

oder Wohlhabende erzielen, mit dem Jahresgehalt von Managern mit 9 bis 17 Millionen Euro verglichen werden.

Erschließt der Begriff des Wohlstands einen Zugang zur geheimnisvollen Aura des Reichtums? »Wohlstand für alle« war die politische Verheißung Ludwig Erhards, der mit einem hohen Beschäftigungsgrad, mit Masseneinkommen und Massenkonsum ein stetiges Wachstum sicherstellen wollte. Daran sollten alle Bevölkerungsgruppen abgestuft teilhaben, indem sich der Wohlstand von den oberen Einkommensklassen auf die unteren ausbreiten werde. Aber mit dieser Verheißung werden nicht alle reich.

Ist der Begriff des Eigentums eine erfolgreiche Spur, den Reichtum zu entdecken? Manager einer Publikumsgesellschaft verfügen rechtmäßig über Anlagen und erteilen Mitarbeitern Anweisungen, sind jedoch nicht Eigentümer des Unternehmens. Das Recht der Anteilseigner einer solchen Gesellschaft beschränkt sich auf das Eigentum an Wertpapieren und das Recht, Dividenden in Empfang zu nehmen. Eigentümer müssen nicht reich sein. Die Eigentumsfrage lenkt die Reichtumsdebatte auf eine Nebenarena.

Kann der Begriff des Vermögens eine geeignete Brücke sein, Reichtum zu bestimmen? Aber welches Vermögen macht reich? Die Eigentumswohnung in einem gehobenen Stadtviertel, das Eigenheim am Stadtrand, die Villa am Ufer des Bodensees, eine Yacht an der Côte d'Azur? Als vermögend sind wohl eher diejenigen zu bezeichnen, die über außergewöhnlich viel materielle Ressourcen verfügen, etwa ganze Häuserblöcke, Flugzeuge, Autofabriken, Supermarktketten oder eine Menge Geld. Immaterielle Ressourcen sind in der Regel eng an die jeweilige Person gebunden und werden häufig als Kompetenz definiert. Solche Menschen sind reich etwa an Wissen, Bildung, seltener Schönheit, Ansehen und Erfahrung, an sportlichen, musikalischen oder künstlerischen Talenten.

Macht entsteht durch die außergewöhnliche Ausstattung mit Ressourcen und Kompetenzen. Machtverhältnisse könnten gelassen beurteilt werden, wenn derjenige, der extrem viel Geld hat und reich an wirtschaftlicher Macht ist, durch andere, die politisch mächtig oder reich an Wissen sind, in Schach gehalten wird. Aber die »Allmacht und Allgegenwart des Geldes« ebnen den Weg, dass konzentrierter wirtschaftlicher Reichtum sowohl die politische als auch die lebensweltliche Sphäre wie eine fremde Besatzungsmacht erobert.

Die bisherigen Versuche, das Phänomen des Reichtums in die gesellschaftliche Normalität des Wohlstands, Eigentums, Vermögens sowie der Macht einzubeziehen, führen meiner Ansicht nach nicht zum Ziel. Sie starten nämlich von den Durchschnittseinkommen und den mittleren Haushaltsgruppen, gleichsam von der »Froschperspektive«.

Doch um die Sphäre exklusiven Reichtums zu erfassen, müsste sich die öffentliche Statistik über den oberen Rand des gehobenen Wohlstandes hinauswagen. Dies ist indessen bisher nur ansatzweise gelungen. Exklusiver Reichtum ist mit wirtschaftlicher Macht verbunden, die sich in politische Macht verwandelt und staatliche Entscheidungsträger vor sich hertreibt. Das *Manager Magazin* veröffentlicht jährlich eine Liste der reichsten Personen und Familien in Deutschland. Den ersten Rang halten 2014 Johanna und Stephan Quandt mit Susanne Klatten mit 31 Milliarden Euro, gefolgt von den Familien Aldi mit 18,3 und 16,5 Milliarden. An vierter Stelle liegt die Familie Schäffler mit 17,6 Milliarden, an fünfter der Lidl-Gründer Dieter Schwarz mit 14,5 Milliarden Euro. Exklusiver Reichtum, der konzentriert in den Händen weniger auftritt, gefährdet den Zusammenhalt und Frieden der Gesellschaft. Er schließt andere aus, insofern er direkt mit öffentlicher Armut zusammenhängt, die private Haushalte im unteren Bereich der Bevölkerung besonders trifft. Zudem beanspruch er überdurchschnittlich endliche Ressourcen, etwa knappen Wohnraum oder nicht erneuerbare Energien. Und zudem kann er sich aus der Finanzierung öffentlicher Aufgaben herauswinden.

Europas Grenze

»Lampedusa« ist zu einer brennenden Fackel des Aufschreis der im Mittelmeer Ertrunkenen geworden, die auf der Flucht vor Gewalt und wirtschaftlicher Not gehofft hatten, in Europa frei und in Frieden leben zu können. 2014 waren es bereits mehr als 3 000 Flüchtlinge, für die letzten zehn Jahre wird ihre Zahl bis auf 7 000 geschätzt.

Papst Franziskus hat Lampedusa besucht und zwei biblische Fragen gestellt:[8] »Adam, wo bist du?« Die religiös aufgeladene Frage richtet sich an ein desorientiertes Europa, das seinen Standort in der globalen Welt verloren hat. Dabei sind die Güter der Welt für alle bestimmt, die auf ihr leben.

Die zweite Frage lautet: »Kain, wo ist dein Bruder?« Sie ist an die Frauen und Männer in Europa gerichtet, denen das Mitleiden mit jenen Frauen, Kindern und Männern aus Syrien, Ägypten, dem Sudan und Afghanistan, die auf hoher See getötet wurden, verlorengegangen ist, die sich betäuben lassen von einem bequemen Wohlstand, in den sie sich eingekapselt haben. Gleichgültig geworden, richten sie sich ein in einer Scheinwelt von Seifenblasen, haben sich an das Schreien der Flüchtlinge gewöhnt, weil dieses nicht zu ihrem Alltagsgeschäft gehört. Sie verfangen sich in einer Kette von Fehlentscheidungen, die töten. Und niemand fühlt sich verantwortlich. Entscheidungen werden anonymen Gremien auf höchster Ebene überlassen, Entscheidungen, die an den Grenzen der EU den Tod säen.

Anonyme Verantwortung

»Frontex« und »Eurosur« wird die Verantwortung zugeschoben. Frontex, die »Europäische Agentur für operationelle Zusammenarbeit an den Außengrenzen der Mitgliedstaaten der EU«, soll Europa vor illegaler Migration schützen. Als Dienstleister stattet sie die Grenzschützer mit Nachtsichtgeräten, Flugzeugen und technischen Anlagen wie jenem elektrisch geladenen Drahtzaun in Nordafrika und an der griechisch-türkischen Grenze aus. Zugleich ist sie an gemeinsamen Einsätzen entlang der EU-Küste, auf hoher See und in Küstennähe der Türkei oder nordafrikanischer Staaten beteiligt. Inzwischen hat Frontex einen Menschenrechtsbeirat und eine Menschenrechtsbeauftragte und ist angewiesen, bei ihren Operationen die Menschenrechte zu respektieren und Flüchtlinge in Seenot nur noch in das nächste EU-Land zu bringen, wozu das internationale Seerecht und das Völkerrecht verpflichten.

Eurosur, das »Europäische Grenzüberwachungssystem«, ist nach fünfjähriger Planung 2013 damit beauftragt, in Seenot geratene Asylsuchende mit Hilfe von Radaranlagen, Satelliten, Bewegungssensoren, Aufklärungsdrohnen und einer internationalen Schiffsüberwachung schneller zu orten und zu retten. Die lückenlose Überwachung der Außengrenzen unterbindet jede illegale Migration, in geschönter Formulierung: rettet in Seenot geratene Flüchtlinge.

Ist nun bei Frontex und Eurosur alles okay? 2011 funkte ein Boot mit 72 Flüchtlingen SOS. Die italienische Küstenwache näherte sich dem Boot, ein Nato-Hubschrauber überflog es und warf Kekse und Wasser ab, danach drehten beide ab. Nach zwei Wochen tauchte das Boot mit neun Überlebenden vor der Küste Libyens auf. 2013 wurden in der Ägäis 2 000 Fälle von Zurückschieben registriert. 2014 sind drei Mütter und acht Kinder aus Afghanistan im Mittelmeer ertrunken. Noch im September versenkten Schlepper auf offener See 500 Frauen, Kinder und

Männer aus Syrien, Ägypten, Sudan und Palästina in ihrem Boot, weil sie sich ihren Befehlen widersetzt hatten. Frontex rettet keine Schiffbrüchigen, sondern produziert sie. Denn je lückenloser die Grenzen kontrolliert werden, umso mehr weichen Asylsuchende auf gefährliche Routen aus und sterben.

Ist Dublin III verantwortlich? Sie ersetzt das Übereinkommen von 1990 und die Verordnung Dublin II und gestattet den Mitgliedstaaten, sichere Herkunftsländer und Drittstaaten zu definieren, um Flüchtlinge, die aus solchen Ländern einreisen, an der Grenze abzuweisen und vom Asylverfahren auszuschließen. Inzwischen hat sich ein Verschiebebahnhof von Flüchtlingen aus Deutschland in die jeweiligen Länder installiert, wo Flüchtlinge ursprünglich europäisches Territorium betreten haben. Regelmäßige Charterflüge fliegen Asylsuchende von Düsseldorf nach Serbien und Montenegro zurück, von wo aus sie nach Deutschland aufgebrochen waren. Dublin III erleichtert es auch den Behörden, an der Grenze beziehungsweise auf Flughäfen, Asylsuchende »bei erheblicher Fluchtgefahr« zu verhaften, wenn ihre Identität unklar, das Recht zur Einreise strittig ist oder wenn die öffentliche Sicherheit und Ordnung gefährdet sind.

Deutsche Verantwortung

Ist Deutschland verantwortlich? Es hat keine EU-Außengrenzen. Aber deutsche Innenminister haben sich im EU-Ministerrat für zwei Regelungen des Asylrechts stark gemacht, dass nämlich die Flüchtlinge in jenen Staaten ihren Asylantrag einreichen müssen, wo sie zuerst angelandet sind, und dass die Mitgliedsländer selbst sichere Herkunftsländer und Drittstaaten bestimmen dürfen, um Asylanträge leichter abweisen zu können. Mit der neuesten Verschärfung des deutschen Asylrechts, die Serbien, Makedonien und Bosnien-Herzegowina zu sicheren Drittstaaten erklärte, sollten die Behörden Flüchtlinge mit einem hohen Anteil an Roma leichter in jene Länder zurückschieben können. Deutschland soll verantwortlich sein? Der Artikel 16 a der Verfassung ist doch eindeutig: »Politisch Verfolgte genießen Asylrecht.« Zudem verfügt Deutschland über ein Asylverfahren, das hohen freiheitlichen und rechtsstaatlichen Ansprüchen genügt. Doch die klare Aussage ist bereits dreimal verwässert worden. 1993 wurde ein Absatz eingefügt: Absatz 1 gilt nicht, wenn ein Asylsuchender aus einem Drittstaat einreist, in dem die Grundfreiheiten sichergestellt sind. Bundestag und Bundesrat können außerdem solche Staaten bestimmen, in denen gewährleistet erscheint, dass weder eine politische Ver-

folgung noch eine erniedrigende Behandlung statt-
findet, es sei denn, der Asylsuchende legt Tatsachen
vor, welche die Annahme begründen, dass er entgegen dieser Vermutung politisch verfolgt wird. Und
schließlich setzen die deutschen Gerichte politische
Verfolgung mit staatlicher Verfolgung gleich. Sie
blenden tatsachenwidrig aus, dass zunehmend nicht-
staatliche Gruppen, etwa in Afghanistan und Syrien,
im Irak und Sudan Fluchtbewegungen auslösen.

Deutschland ist verantwortlich. Die Deutung politischer Verfolgung durch deutsche Gerichte wider-
spricht der Genfer Flüchtlingskonvention. Diese un-
tersagt die Ausweisung und Zurückweisung von
Personen dorthin, wo ihr Leben oder ihre Freiheit
wegen der Rasse, Religion, Staatsangehörigkeit, Zugehörigkeit zu einer bestimmten sozialen Gruppe
oder politischer Überzeugung bedroht sind. Dies
gilt – entgegen dem sogenannten Asylkompromiss
vom September 2014 – für Angehörige des Volkes
der Roma. Die deutschen Behörden können das
Asylverfahren auch dann einleiten, wenn die Asylbewerber anderswo europäischen Boden betreten
haben. Und Deutschland kann aus »humanitären
Gründen« Flüchtlingen ein Bleiberecht zuerkennen,
wie dies 20 000 Flüchtlingen aus Syrien gewährt
worden ist.

»Adam, wo bist du?« »Kain, wo ist dein Bruder«? Deutschland als reichstes Land in der Europäischen Union ist mit dem Ministerrat und dem Europäischen Parlament dafür verantwortlich, dass sie auf ein politisches Problem sozialer Ungleichheit, die Gewalt hervorbringt und Fluchtbewegungen auslöst, die in den Tod treiben, mit einer technischen Antwort reagieren. Sie kurieren Symptome, verweigern jedoch eine Wurzelbehandlung.

3 Isoliert und frei

Warum weichen die Lebenslagen zwischen reichen und armen Menschen in Deutschland, zwischen leistungsstarken und leistungsschwachen Mitgliedsländern der Europäischen Union sowie zwischen den Ländern auf der Sonnenseite im Norden und der Schattenseite im Süden des einen Planeten Erde seit Beginn des 21. Jahrhunderts zusehends voneinander ab? Und seit wann ist diese soziale Ungleichheit und gesellschaftliche Polarisierung so beunruhigend geworden? Ich versuche, vier Ursachen zu skizzieren.

Distinktion

Indem ich das unbequeme Wort Ungleichheit übersetze und schönrede, sage ich: »Differenz«. Sie ist unbestreitbar eine elementare Tatsache und menschliche Erfahrung. Kein Mensch gleicht dem anderen. Jeder Mann und jede Frau sind ein unverwechselbares Lebewesen. Der genetische Code eines und einer jeden ist anders. Differenz ist Begleiterscheinung und Ergebnis evolutionärer Entwicklung. Zu den ersten Worten, die Babys zu sagen lernen, gehören »nein« und »ich«. Mich berührt es regelmäßig, wenn ich das Zimmer von Jugendlichen betrete, die in jener aufregenden Phase leben, da sie darum bemüht sind, in der Wahl ihrer Frisur und ihres Outfits, der zweiten Haut, sowie in der Ausgestaltung ihres Zimmers, der dritten Haut, einen Teil ihrer Identität auszudrücken und zu spiegeln. Sie scheinen darin ihrem noch schillernden, aber souverän werdenden Selbst auf der Spur zu sein. Sie wollen aus der wohligen Atmosphäre des Umhegtseins von Eltern und Geschwistern heraus, sich von Freunden oder Klassenkollegen abgrenzen und mit keinem von ihnen verwechselt werden.

Aus dem Erwachen des eigenen Ich, das in einen Entdeckungszauber gehüllt ist, kann leicht das Konstrukt eines sich isolierenden und schließlich isolierten Individuums werden, das alle menschlichen Beziehungen dem Diktat einer nüchternen und wohlinformierten Kalkulation des eigenen Nutzens unterstellt. Isolierte einzelne kooperieren mit anderen Menschen ausschließlich unter der Bedingung, dass Leistung und Gegenleistung einander entsprechen und dem persönlichen Vorteil dienen. Der Wettkampf im wirtschaftlichen und politischen Leben soll nicht einfach den Bedingungen der Tour de France oder der Olympischen Spiele folgen. Diese stehen unter dem Motto: »Dabeisein ist alles«. Nein, es muss mindestens die Medaille für das schnellste, weiteste und höchste Ergebnis winken. Solche Menschenmonaden sind gesellschaftlich entkoppelt. Familiäre, freundschaftliche und partnerschaftliche Bindungen werden eingegangen, solange sie prickelnd und gewinnbringend sind, und abgestreift, wenn sie die Selbstorganisation und das Profil des eigenen Lebensentwurfs beeinträchtigen, frei zu sein, jedoch abgelöst von anderen, distinkt zu ihnen.

Der entschlossene Wille zur Distinktion erzeugt im Umfeld sozialer Ungleichheit, je mehr sich die Schere der Einkommens- und Vermögensverteilung öffnet, unter den Mitgliedern einer freien und voneinander isolierten Klassengesellschaft eine Spirale des Vorlaufens und Nachrennens, damit der einmal erreichte Abstand zwischen den Gütern, die verschiedene gesellschaftliche Klassen sich angeeignet haben, erhalten bleibt. Sobald es einigen Mitgliedern der nachgeordneten Klasse gelingt, die Wohlstandslücke tendenziell zu schließen, fühlen sich die Mitglieder

der höheren Klasse gedrängt, die in ihren Augen ge-
botene Distinktion zurückzugewinnen. Aus dieser
zirkulären Spirale gibt es kein Entkommen.

Das isolierte Individuum, das besetzt ist vom Willen zur Distinktion, ist ein Zerrbild des real existierenden Menschen. Dieser ist zwar eigeninteressiert,
aber zugleich daran interessiert, mit anderen zusam-
menzuleben. Kein Mensch wächst isoliert auf. Und
wenn es geschähe, würde er sprachlos bleiben, ver-
krüppeln und verwildern. Menschliches Leben entsteht im Raum menschlicher Beziehungen, die über-
wiegende Zahl der Babys wird bereits vor ihrem
Eintritt in die Außenwelt erwartet und willkommen
geheißen. Sie wachsen in der Regel in einer umsorg-
ten Atmosphäre auf. Reinhard Mey hat diese Situation sehr einfühlsam besungen:

»Menschenjunges, dies ist Dein Planet,
Hier ist Dein Bestimmungsort, kleines Paket.
Freundliches Bündel, willkommen herein,
Möge das Leben hier gut zu Dir sein!«[9]

Menschen sind von Anfang an soziale Lebewesen.
Demgegenüber hinterlassen Isolation und Distinktion
als ausschließliche Lebensform defizitäre Menschen.
Papst Franziskus erkennt in der individualistischen
Traurigkeit, die einer abgeschotteten Geisteshaltung
und Selbstbezogenheit entstammt, eine große Gefahr

für die heutige Welt. Wiederholt spricht er besorgt diese »abgeschottete Geisteshaltung« an, die sich in die eigenen Interessen verschließt und keinen Raum mehr für die anderen lässt, um das Leben mit ihnen zu teilen.

Leistungsmythen

»Wir leben in einer Leistungsgesellschaft.« Davon waren zu Beginn des Jahrhunderts zwei Drittel der Bevölkerung in Deutschland überzeugt. Doch was haben die Befragten exakt unter Leistung verstanden? Sie brachten sie mit produktiver Arbeit, Kreativität, Pflichtgefühl, sozialem Dienst, Verzicht und Widerstand in Verbindung.

Die politische Klasse hat sich währenddessen darum bemüht, die entstehende soziale Ungleichheit zu rechtfertigen, indem sie die Leistungsgerechtigkeit als normatives Gegenbild zur Verteilungsgerechtigkeit propagierte, die angeblich zu sehr auf die Umverteilung materieller finanzieller Mittel sowie auf gleiche Ergebnisse fixiert war. Die Menschen seien nicht gleich. Sie als austauschbar zu behandeln verletze ihre einzigartige Würde, hieß es. Zudem würden in der modernen Gesellschaft – im Gegensatz zur feudalen Gesellschaft – individuelle Aufstiegschancen, öffentliches Ansehen und soziale Differenzierung ausschließlich auf Grund individueller Befähigung und Leistung erworben. Deshalb sollten die unterschiedlichen Talente der Individuen stärker gewürdigt werden. Wer sich durch sein Leistungsvermögen und seine Leistungsbereitschaft auszeichnet, verdiene eine höhere Anerkennung und ein höheres Einkommen. So seien die seit der Jahrhundertwende stärker voneinander abweichenden Einkommen und Vermögen persönlich verdient. Und eine ungleiche Einkommens- und Vermögensverteilung sei auch gesellschaftlich verdienstvoll, weil sie sowohl bei den oberen als auch bei den unteren Einkommensklassen Anreize setze, die eigene Leistung zu steigern.

Gleichzeitig inszenierten die Regierenden eine öffentliche Empörung über die jüngere Generation, die der Faszination des schönen Lebens erliege. »Erlebe dein Leben« sei zum kategorischen Imperativ junger Menschen geworden, die sich weigern, außergewöhnliche Anstrengungen auf sich zu nehmen. Bundeskanzler Helmut Kohl mokierte sich über den »kollektiven Freizeitpark Deutschland« mit den im europäischen Vergleich kürzesten Wochenarbeitszeiten, dem längsten Jahresurlaub und den meisten Feiertagen. Leistung müsse sich wieder lohnen. Und

Leistungseliten sollten frühzeitig ausgesondert und besonders gefördert werden.

Eine zweite Welle öffentlicher Beschimpfung ergoss sich über die Arbeitslosen, die zur Ursache der Massenarbeitslosigkeit erklärt wurden. Sie seien »faule Säcke«, die sich in der sozialen Hängematte ausruhen und die Solidarität der Erwerbstätigen missbrauchen. Jugendliche Arbeitslose wurden dazu gedrängt, emotionale Bindungen an ihre Heimat preiszugeben, flexibler und mobiler zu werden und vertraute Beziehungen zu relativieren. Anekdotische, meist bloß gefühlte Evidenz ohne empirischen Beleg und der individualistische Fehlschluss bestimmen weithin das öffentliche Gerede über »Leistungsträger«, die zu wenig geachtet werden, und »Leistungsverweigerer«, die zu disziplinieren oder zu ächten sind. Ich versuche, den mythischen Schleier, der den politisch propagierten Leistungsbegriff einhüllt, durch sieben Hinweise zu lüften.

Erstens beklagen die Belegschaften im Gegensatz zum Lamento der wirtschaftlichen und politischen Eliten, dass der reale Leistungsdruck in den Unternehmen zugenommen habe, nämlich durch zusätzliche Arbeit während derselben Zeit, unbezahlte Überstunden, individuell flexible Arbeitszeiten nach betrieblichen Interessen, mehr Schicht-, Nacht- und

Sonntagsarbeit sowie zerfließende Grenzen zwischen Erwerbsarbeit und Privatsphäre.

Zweitens wird der Begriff der wirtschaftlichen Leistung diffus verwendet. Er unterstellt fälschlicherweise die Präzision jener physikalisch-technischen Formeln, die Arbeit als »Kraft mal Weg« und Leistung als »Arbeit pro Zeiteinheit« definieren.

Drittens ist wirtschaftliche Leistung auf markt-, geld- und erwerbswirtschaftlich angebotene und nachgefragte Güter verengt. Mehr als 60 Prozent der gesellschaftlich notwendigen und nützlichen Leistungen, nämlich die in der Privatsphäre, zählen nicht, etwa die private Arbeit eines Mannes, der drei Kinder erzieht, wohl aber die Kundenberatung seiner Frau als Filialleiterin einer Volks- und Raiffeisenbank.

Viertens werden auch marktförmige Leistungen nicht danach bewertet, ob sie dringende Bedürfnisse befriedigen. Ihr Wertmaßstab ist allein die kaufkräftige Nachfrage, die auf das aktuelle Marktangebot reagiert. Wie diese Kaufkraft zustande kam, ist völlig unerheblich. Folglich wird ein Bauer in Kolumbien eher Orchideen züchten, die in die USA oder nach Europa geflogen werden, als Mais oder Weizen anbauen, die seine Landsleute sättigen könnten.

Fünftens ist wirtschaftliche Leistung auch nicht mit der individuellen Arbeitsanstrengung gleichzusetzen. Der Bauer in Kolumbien strengt sich nicht weniger an als der Autolackierer in München; die Frau in Wien, die drei Kinder erzieht, ist am Abend nicht weniger erschöpft als ihr Mann, der als Pilot von einem Auslandsflug heimkehrt. Die Frau wird monetär gar nicht, die Männer werden bei gleicher Anstrengung unterschiedlich entgolten.

Sechstens sind individuelle Leistungsbeiträge in einem arbeitsteiligen Produktionsprozess nicht eindeutig zurechenbar. Welcher Anteil am Verkaufspreis eines Autos oder einer Schlafzimmereinrichtung dem Konstrukteur, der Sekretärin, dem Bandarbeiter und der Verkäuferin zusteht, kann nicht durch eine analytische Erfassung des Arbeitsablaufs, der in Module zerlegt wird, beantwortet werden. Wie die vom Markt bewertete Gesamtleistung unter die Leistungsträger aufgeteilt werden soll, bleibt weithin eine Frage des Ermessens, sexistischer Rollenmuster, der Gewohnheit, des Menschenbildes sowie der wirtschaftlichen und politischen Macht. Die Grenzproduktivitätsregel, von der ein Chef die Einstellung einer Sekretärin abhängig macht – ob nämlich die Kosten ihrer zusätzlichen Arbeitskraft beziehungsweise Arbeitsstunde das bewertete Ergebnis ihrer Leistung nicht übersteigen –, klingt elegant, ist aber für die Lohnfindung irrelevant.

Siebtens ist die individuelle wirtschaftliche Leistung niemals nur das Ergebnis der eigenen Begabung und Energie, so dass sie als privat verfügbares Gut unantastbar wird. Wer hat denn das komplexe Bündel gesellschaftlicher Vorleistungen bereitgestellt? Doch wohl die Eltern, Erzieher und Lehrerinnen, Freunde und Freundinnen, die das Kind, den Jugendlichen und Erwachsenen eine unverwechselbare Person haben werden lassen. Wirtschaftliche Leistung und deren Entgelt, das dem Individuum zugesprochen ist, sind kein ausschließlich privates Gut.

Marktlogik

Das entschiedene Nein von Papst Franziskus zu einer Wirtschaft, die tötet, indem sie soziale Ungleichheit erzeugt, hat Wirtschaftsjournalisten dazu veranlasst, einen Verteidigungsring um die soziale Marktwirtschaft in Deutschland zu ziehen. Sie sei nach Recht und Gesetz organisiert, das Beste, was den Menschen bisher eingefallen ist. Unternehmer folgten dem Gebot: »Eigentum verpflichtet.« Die Tarifpartnerschaft funktioniere kooperativ. Einzelne Abstriche bei Löhnen, die unter dem Existenzminimum liegen, seien dem Zwang des globalen Wettbewerbs geschuldet.

Not und Armut, die es auch in Deutschland gebe, seien Defizite am Rand einer sonst bewährten wirtschaftlichen Ordnung der Freiheit.

»Soziale Marktwirtschaft«

»Wie könnte ich gegen die soziale Marktwirtschaft sein? Es gibt doch keine!«[10] Diese Äußerung, die dem Gewerkschafter Viktor Agartz in den 1950er Jahren zugeschrieben wird, deckt immerhin auf, dass jene Wortverbindung nicht die real existierende Wirtschaftsform der Bundesrepublik beschreibt, sondern deren situatives Deutungsmuster. Folglich konkurrieren mehrere solcher Deutungen miteinander. Die Freiburger Schule mit Walter Eucken steht für das Leitbild einer sozialen Marktwirtschaft, die einen funktionsfähigen Wettbewerb mit einer staatlichen Rahmenordnung kombiniert. Dabei soll der Staat die vier offenen Flanken der Marktsteuerung – den Wettbewerb, die Geldverfassung, die Bereitstellung öffentlicher Güter und den sozialen Ausgleich – schließen, aber marktkonform.

Alfred Müller-Armack, der Staatssekretär Ludwig Erhards, stellte später die Weichen für eine »zweite Phase einer bewusst sozial gestalteten Marktwirtschaft«, in der die Tarifautonomie gefestigt, die Mitbestimmung der Arbeitnehmer ausgeweitet, das neu geschaffene Produktivvermögen breit gestreut und die Umweltkosten den Unternehmen angerechnet werden. Der ehemalige Bundeswirtschaftsminister Karl Schiller warb 1967 für eine »aufgeklärte soziale Marktwirtschaft«, eine Vermittlung von Freiburger Imperativ und Keynes'scher Botschaft. Die private Wirtschaft sei instabil, folglich habe der Staat die Aufgabe, die private Nachfrage auszugleichen und dabei ein stabiles Preisniveau, hohe Beschäftigung, außenwirtschaftliches Gleichgewicht sowie stetiges und angemessenes Wirtschaftswachstum zu sichern.

»Neue« soziale Marktwirtschaft

Zu Beginn des Jahrhunderts haben bürgerliche Initiativen sowie die damals oppositionelle CDU unter Angela Merkel eine »neue soziale Marktwirtschaft« aus der Taufe gehoben.[11] Um den Herausforderungen des 21. Jahrhunderts gewachsen zu sein, sollte der Staat die globalen Güter- und Finanzmärkte liberalisieren, sich selbst auf seine Kernkompetenz beschränken sowie Steuern und Abgaben senken. Der Bildungssektor sollte wettbewerbsfähiger, effizienter und schneller arbeiten und den Schwerpunkt auf die mathematisch-naturwissenschaftlichen Fächer verlegen. Das Arbeitsrecht sollte überprüft, der Kündigungsschutz gelockert, die Arbeitsverhältnisse sollten flexibler und die Tarifverträge zugunsten betrieblicher Regelungen geöffnet werden. Die solidarische Sicherung, die zu teuer, auf Dauer nicht finanzierbar und fehlgeleitet sei, sollte durch eine private kapitalgedeckte Vorsorge abgelöst, Solidarität auf die wirklich Bedürftigen konzentriert werden.

Sozialstaatliche Deformation

Die marktradikale Deutungsvariante sozialer Marktwirtschaft folgte der ökonomischen Hauptströmung, die von den Professoren Friedrich August von Hayek und Milton Friedman in den USA ausging, nach Deutschland importiert und seitdem öffentlich und politisch vorherrschend wurde. Ihr Dogma enthielt drei Glaubenssätze:

- Vertrau auf die Selbstheilungskräfte des Marktes.
- Der schlanke Staat ist der beste aller möglichen Staaten.
- Ein rigoroser Kampf der Notenbank gegen die Inflation macht wirtschaftspolitische Interventionen der Regierungen überflüssig.

Im Sog dieser Strömung haben die Regierenden die solidarischen Sicherungssysteme deformiert und die Arbeitsverhältnisse entregelt. Sie haben die Rentenformel wiederholt nach unten hin manipuliert, verbunden mit Appellen an die private kapitalgedeckte

Altersvorsorge. Die Arbeitslosen- und Sozialhilfe wurden zusammengelegt, Leistungen gekürzt, Arbeitslose rigoros sanktioniert, falls sie als zumutbar definierte Arbeitsangebote verweigerten. Die Gewerkschaften gerieten unter Druck, Flächentarifverträge zugunsten betriebsnaher Vereinbarungen zu lockern und ihre Lohnforderungen zu mäßigen. Die soziale Ungleichheit von heute ist politisch verursacht worden – fahrlässig oder mit Absicht.

Ausbluten öffentlicher Haushalte

Die Markteuphorie hat den privaten Reichtum aufgebläht, während die Abwertung des Staates die öffentlichen Haushalte in eine Verschuldungsspirale getrieben hat. Drei Ereignisse mögen die staatlichen Organe entlasten: die verfestigte Arbeitslosigkeit, die deutsche Wiedervereinigung und die Bankenrettung. Aber sonst haben sie selbst durch ihre Finanz- und Steuerpolitik dazu beigetragen, dass sich die Schere zwischen den öffentlichen und privaten Haushalten kontinuierlich geöffnet hat. 1960 trugen die Massensteuern mit etwas mehr als einem Drittel zum gesamten Steueraufkommen bei, 2008 waren es mehr als 70 Prozent. Umgekehrt sank der Anteil der Gewinnsteuern von einem Drittel auf ein Fünftel. 1999 lag der Spitzensatz der Einkommensteuer bei 53 Prozent, 2014 war er auf 45 Prozent beziehungsweise 42 Prozent abgesenkt. Banken und Versicherungen konnten ihre Industriebeteiligungen steuerfrei beziehungsweise steuerbegünstigt veräußern. Gesetze zur Finanzmarktförderung verminderten die Steuerlast von Finanzinstituten. Durch die höhere Mehrwertsteuer um drei Punkte wurden die unteren Einkommensklassen seit 2005 relativ stärker belastet. Die Körperschaftsteuer dagegen sank von 25 Prozent auf 15 Prozent. Die Kapitalertragsteuer als Abgeltungsteuer wurde bei 25 Prozent eingefroren. Die dogmatisch verbissenen Sparappelle und die Schuldenbremsen, die den Ländern auferlegt sind, treiben zahlreiche Kommunen in die Zahlungsunfähigkeit mit der Folge, dass öffentliche Einrichtungen verwahrlosen und entwertet oder geschlossen werden.

In der Privatisierung, dem Verkauf öffentlichen Vermögens, haben manche Kommunen einen Ausweg gesehen, dem Konflikt zwischen öffentlicher Armut und privatem Reichtum auszuweichen und ihre Haushalte zu entlasten. In den 1990er Jahren war sie euphorisch ausgeweitet, danach stellenweise wieder rückgängig gemacht worden. Aber unter dem aktuellen selbsterzeugten Druck von Spardiktaten und Schuldenbremsen, die Bund und Länder beschlossen haben, werden Privatisierung und öffentlich-private Partnerschaft wieder attraktiv. Als hätte das Privatisierungsfieber nicht erhebliche Kollateralschäden hinterlassen. Privatunternehmen versprachen damals, kundennäher, besser und billiger jene Dienste anzubieten, für die die Bürgerinnen und Bürger dem bürokratischen und ineffizienten Staat höhere Preise zahlen und eine schlechtere Qualität hinnehmen müssten. Die staatliche Post und Bahn, kommunale Wohnungen, Verkehrsbetriebe, Wasserwerke und Unternehmen der Energieversorgung wurden versilbert. Die Erwartungen schmolzen jedoch dahin wie der Schnee in der Frühlingssonne. Die Preise stiegen, die Qualität sank, finanzielle Kennziffern steuerten die Entscheidungen, Personal wurde abgebaut, das Lohnniveau abgesenkt, atypische Arbeitsverhältnisse nahmen zu. In der Folgezeit kauften Kommunen mehrere private Unternehmen zurück.

Reichtumslegenden

Die sogenannte soziale Marktwirtschaft ist nicht nur in Leistungsmythen eingehüllt, sondern auch in Legenden, welche die gesellschaftlichen und wirtschaftlichen Funktionen des Reichtums hartnäckig verklären.

Das bürgerliche Subjekt, das mit unveräußerlichen Freiheitsrechten ausgestattet ist, solle in der Lage sein, überdehnte Ansprüche des Staates abzuwehren und die

Privatsphäre vor seinen Eingriffen unverletzt zu bewahren. Der durch eigene Anstrengung erworbene und in der Rechtsfigur des Privateigentums garantierte Reichtum wirke wie die materielle Verkörperung der bürgerlichen Freiheit. Eigentumsrechtlich gesicherter Reichtum stabilisiere die bürgerliche Familie und den familiären Zusammenhalt über Generationen hinweg. Durch Erbrecht und Erbfolge werde das, was durch individuelle Arbeit erworben ist, vor Zerfall und Auflösung gesichert. In der Frühphase der Industrialisierung sei durch die Initiative und das Geschick dynamischer Unternehmer ein privater Reichtum entstanden, der eingesetzt wurde, um betriebsbezogene mildtätige Werke zu finanzieren. Fabrikeigentümer seien in die Rolle barmherziger Samariter geschlüpft und hätten private Stiftungen gegründet, die sich der Kranken- und Wohnungsversorgung sowie der gesunden Ernährung der Beschäftigten widmeten.

Neben den gesellschaftlichen Funktionslegenden werden dem Reichtum, den sich Individuen oder Familien angeeignet haben, wirtschaftliche Funktionen zugesprochen, auf welche die Marktsteuerung angewiesen sei. Wettbewerb käme gar nicht zustande, so wird argumentiert, wenn das einzelne Wirtschaftssubjekt nicht genötigt wird, seine wirtschaftlichen Entscheidungen zu verantworten und für deren Folgen einzutreten. Mit der Chance, Gewinne zu erzielen, müsse auch das Risiko verbunden sein, entstehende Verluste voll zu tragen. Privater Reichtum, der voll als Haftungsgrundlage dient, solle gerade verhindern, dass ein Unternehmer allzu riskante Entscheidungen trifft und damit Risiken auf seine Geschäftspartner ablädt, die diese als Außenstehende nicht überblicken können. Zudem stelle vorhandener Reichtum eines Unternehmers, so heißt es, diesem die Finanzmittel bereit, um reale Investitionen vorzunehmen, Arbeitsplätze und Einkommen zu schaffen sowie eine beschäftigungsintensive Dynamik wirtschaftlichen Wachstums anzustoßen. Reichtum, der Frucht eigener Arbeit ist, biete den Wirtschaftssubjekten einen Anreiz dafür, leistungsfähig und leistungsbereit zu sein.

Solche Argumente überzeugen nur begrenzt. In die Rechtsform der meisten Unternehmen und erst recht der Publikumsgesellschaften ist eine beschränkte Haftung eingebaut. Finanzieren die Unternehmen derzeit ihre Investitionen extern oder intern? Haben Portfolio-Investitionen die gleiche Wirkung wie Realinvestitionen? Welche Rolle spielt die Geld- und Kreditschöpfungsmacht des Bankensystems für die Investitionstätigkeit eines Unternehmens? Erwartungen, dass wachsender Reichtum die

Unternehmer veranlassen werde, reale Investitionen zu tätigen, sind wiederholt enttäuscht worden. Die Gewinnerwartungen eines einzelnen Unternehmers, die seine Neigung zu investieren beeinflussen, sind weithin davon abhängig, wie die Mehrheit die allgemeine Lage einschätzt und was sie auf den Finanz- und Gütermärkten erwartet. Ob erwarteter materieller Reichtum die einzelnen zum Arbeiten antreibt, ist schwer zu ermitteln, solange es zahlreiche andere, auch nicht materielle Anreize zum Arbeiten gibt. Vermutlich wird mit einer solchen Annahme die Werkstattidylle eines selbständigen Kleinunternehmers beschrieben, nicht jedoch der arbeitsteilige komplexe Entstehungsprozess moderner Dienstleistungen.

Die kritische Prüfung der Funktionslegenden des Reichtums, die auch heutzutage noch verbreitet sind, deckt fünf methodische Engführungen auf:

- einen extrem individualisierten Blickwinkel
- eine idealtypische Modellkonstruktion des Marktes
- eine Ableitung ökonomischer Funktionen, die unkritisch aus traditionellen Familienmustern übernommen werden
- eine verengte Perspektive auf das alltägliche Eigentum und Vermögen von jedermann und jeder-

frau, während der exklusive Reichtum und die mit ihm verbundene unverhältnismäßige wirtschaftliche und politische Macht unbeachtet bleiben
- das Ausblenden der Frage, wie Reichtum entsteht

Diese Antwort auf die Quelle des Reichtums ist aufschlussreicher als jene Legenden, die sich bemühen, darüber Auskunft zu geben, wohin der Reichtum fließt, der bereits vorhanden ist. Ich will versuchen, sie im Folgenden aufzuspüren.

Kapitalistische Dynamik

Um das Panorama sozialer Ungleichheit zu erklären, sind Unterschiede wirtschaftlicher Leistungsfähigkeit und -bereitschaft von Individuen ebenso unzureichend wie das radikale Vertrauen in die Selbststeuerungsfähigkeit des Marktes. Und selbst das Konzept der sozialen Marktwirtschaft, das dem marktwirtschaftlichen Wettbewerb einen starken, aber marktkonform regelnden Staat zuordnet, hinterlässt Erklärungslücken, wenn die Ursachen der beobachteten sozialen Ungleichheit und der gesellschaftlichen Polarisierung in Deutschland erforscht werden sollen.

Die Verfechter der sozialen Marktwirtschaft lenken beispielsweise ihren Blick vorwiegend auf den Markt, als sei die Gesellschaft eine Handelsorganisation. Dabei ist die Privatsphäre dem Markt nachgelagert, die Produktionssphäre ihm vorgelagert. In der Privatsphäre leben nicht nur Kunden, die sich souverän auf den Märkten bewegen, sondern auch Kinder und ältere Menschen, die zwar Güter verbrauchen, aber nicht marktfähig sind, weil ihnen das Leistungsvermögen fehlt, mit der sie sich die benötigte Kaufkraft erwerben. Noch mehr jedoch wundere ich mich darüber, dass die dem Markt vorgelagerte Produktionssphäre eine so geringe Rolle spielt, in der Güter entstehen, die auf dem Markt angeboten und nachgefragt werden. Vor allem jedoch werden unter der flatternden Fahne der sozialen Marktwirtschaft die gesellschaftlichen Machtverhältnisse überdeckt, welche die Finanz-, Produktions-, Markt- und Privatsphäre durchdringen. Das Hohelied der Freiheit auf den Märkten zu singen und dabei die einseitige Kapitalmacht in den Arbeitsverhältnissen zu übersehen, ist eine unzureichende Analyse.

Ökonomisches Funktionsgerüst

Die Ursache sozialer Ungleichheit ist meiner Ansicht nach ein sozial temperierter Kapitalismus im Übergang zum transnationalen Finanzkapitalismus. Dabei rekonstruiere ich den »Kapitalismus« von seinen Strukturkomponenten her, in denen er sich verkörpert. In einem ersten Schritt unterscheide ich zwischen dem Kapitalismus als einem ökonomischen Funktionsgerüst und als einem gesellschaftlichen Machtverhältnis. Das ökonomische Funktionsgerüst besteht aus vier Komponenten: einem funktionsfähigen marktwirtschaftlichen Wettbewerb, einer elastischen Geldversorgung, einem hochgradigen Technikeinsatz auf Grund vorgeleisteter Arbeit sowie Unternehmen, die in der Regel privatautonom organisiert sind. Diese Komponenten machen jedoch nicht das spezifische Unterscheidungsmerkmal des Kapitalismus aus, weil sie zu jeder modernen Marktwirtschaft gehören.

Gesellschaftliches Machtverhältnis

Das spezifische Merkmal des Kapitalismus ist ein gesellschaftliches Machtverhältnis, das asymmetrisch verläuft. Einer gesellschaftlichen Minderheit gehört der größte Teil des Sach- und Geldvermögens, während die Mehrheit der Bevölkerung bloß über ein Arbeitsvermögen verfügt. Dem konzentrierten Privateigentum an Produktionsvermögen steht die Lebenslage abhängiger Arbeit gegenüber. Diese Schieflage gesellschaftlicher Macht schleppt die scheinbar egalitäre Arbeitsgesellschaft bis heute als feudales Erbe mit sich im Gepäck. Beide Klassen sind aufeinander angewiesen. Denn die Eigentümer der Produktionsmittel können diese nicht ohne fremde Arbeit rentabel verwerten, während die abhängig Beschäftigten ihr Arbeitsvermögen nur in der Kombination mit den Produktionsmitteln und indem sie sich einem fremden Willen unterwerfen, einsetzen können, um zu überleben. Das Scharnier der Kooperation ist der »freie« Arbeitsvertrag, dem zwar beide Seiten zustimmen, der aber unter ungleichen Start- und Verhandlungsbedingungen zustande kommt. Die Asymmetrie des Arbeitsvertrags wird mit dem betrieblichen Weisungsrecht der Manager und der unternehmerischen Leitungskompetenz der Kapitaleigner in die Betriebssphäre übertragen. Sie verlängert sich in die stärkere Position der Produzenten auf den Gütermärkten und die unbegrenzte Geld- und Kreditschöpfungsmacht des Bankensystems an der Nahtstelle der Finanz- und Realwirtschaft.

Kapitalismus im Plural

Kapitalismus gibt es nur im Plural. Für die deutsche Nachkriegszeit ist der »Managerkapitalismus« kennzeichnend. Er hat weithin den »Familienkapitalismus« abgelöst. Dieser war durch die herausragende Figur des dynamischen Einzelunternehmers geprägt, der als Eigentümer sein Geldvermögen und die sachlichen Produktionsmittel sowie als erster Arbeiter sein Arbeitsvermögen in das Unternehmen einbrachte. Folglich blieben die Eigentumsrechte an den Produktionsmitteln und die Verfügungsmacht darüber in einer Hand. Die für den »Managerkapitalismus« typische Unternehmensform ist die Publikumsgesellschaft. Die Verfügungsmacht über die Anlagen und die Weisungsbefugnis über die Mitarbeiter liegen bei den Managern. Gesellschaftseigentümer sind die Aktionäre, nicht die Manager. Die Rechte der Eigentümer bestehen darin, dass sie Anteilsscheine halten, auf die ihre Haftung beschränkt ist, dass sie an der Gesellschafterversammlung und an der Bestellung des Aufsichtsrates teilnehmen sowie eine Dividende beziehen.

Diesen Managerkapitalismus hat der französische Wirtschaftsjournalist Michel Albert als »rheinischen Kapitalismus« bezeichnet und ihn dem »angloamerikanischen Finanzkapitalismus« in vier Unterscheidungsmerkmalen gegenübergestellt.

Erstens erfolgen die Steuerung und Kontrolle der Unternehmen in Deutschland durch die personelle und finanzielle Verflechtung der Manager in den Geschäftsbanken und Unternehmen. Im angloamerikanischen Raum werden die Unternehmer durch den

Kapitalmarkt kontrolliert, durch institutionelle Anleger, die eine diffuse Konstellation von Großbanken, Versicherungskonzernen, Pensionsfonds, Investmentgesellschaften, Finanzinvestoren, Rating-Agenturen und Analysten bilden.

Zweitens gelten in der rheinischen Variante die Unternehmen als Personenverband, die Belegschaften sind an den Entscheidungsprozessen beteiligt und bestimmen sie mit. In der angelsächsischen Variante sind die Unternehmen ein Vermögensgegenstand in den Händen der Anteilseigner.

Der Wert eines Unternehmens ist drittens im rheinischen Kapitalismus realwirtschaftlich verankert: im Markterfolg, in den Präferenzen der Verbraucher und der Kompetenz der Belegschaft. Im angloamerikanischen Einflussbereich werden die Unternehmen nach einer reinen Finanzkennziffer bewertet, den Shareholder-Value, der subjektive Erwartungen repräsentiert und sich in den Börsenkursen spiegelt.

Viertens sind die Manager in der rheinischen Wirtschaft Bestandteil einer korporativen Synthese, die aus den Tarifpartnern, Wohlfahrtsverbänden und sozialstaatlichen Organen besteht. Im angloamerikanischen System ist die Geschäftspolitik der Manager ausschließlich an den Ansprüchen der Anteilseigner orientiert.

Der angloamerikanische informationsbasierte Finanzkapitalismus ist spätestens seit der Jahrhundertwende zum hegemonialen Finanzregime geworden und hat einen beispiellosen Sog auf die Finanzeliten und Politiker in Deutschland ausgeübt. Ein angesehener Bankier empfahl damals den Regierenden, die Finanzmärkte als »fünfte Gewalt«[12] in der Demokratie anzuerkennen und sich an der täglich millionenfachen Abstimmung der Anteilseigner zu orientieren. Deren Signale, die sich in den Börsenkursen verdichten, seien bessere Hinweise darauf, was vernünftige Politik ist, als die vierjährigen Parlamentswahlen. In der Folge wurde das deutsche, stärker regulierte Finanzregime angloamerikanisch unterspült. Die Exekutive hat ihre Entscheidungsprozesse finanzmarktkonform ausgerichtet. Börsennotierte Konzernunternehmen überließen sich der Steuerung durch den Shareholder-Value und dem Auf und Ab der Börsenkurse. Ein virtuell geschlossener Regelkreis formte sich aus den Quartalsberichten, der Inszenierung zu erwartender Erfolgsmeldungen, dem Herdenverhalten der Anteilseigner und den Vergütungen der Manager. Diese bedienen fast ausschließlich die Interessen der Anteilseigner, die das Unternehmen in erster Linie als Kapitalanlage betrachten.

Worin besteht das Ziel des kapitalistischen Unternehmens? In der Steigerung der Wertschöpfung, der Summe aller Einkommen, die denjenigen zufließen, die am Unternehmenserfolg beteiligt waren, oder ausschließlich in der Steigerung des Gewinns, jenem Teil der Wertschöpfung, den die Kapitaleigner für sich beanspruchen?

Die verengte Zielsetzung, den Gewinn zu steigern und nicht die Wertschöpfung, verkörpert sich in der kapitalistischen Verteilungsregel. Sie lässt sich vereinfacht so nachzeichnen: Vier Ressourcen, das Arbeits-, Natur-, Gesellschafts- und Geldvermögen, erwirtschaften gemeinsam die unternehmerische Wertschöpfung. Das Arbeitsvermögen ist jene Ressource, auf die der Arbeitgeber durch den Lohnarbeitsvertrag zugreifen kann. Das Naturvermögen, die »Sparbüchse der Erde«[13], ist die in Jahrmillionen angesammelte Menge an Sonnenenergie. Das Gesellschaftsvermögen sind die öffentliche Infrastruktur und das Potential gesellschaftlicher Vorleistungen, die in privaten Haushalten unentgeltlich als Betreuungsarbeit geleistet werden. Das Zusammenspiel dieser Ressourcen erzeugt die unternehmerische oder volkswirtschaftliche Wertschöpfung. Die Ressourcen werden für ihren Einsatz in der Form von Löhnen und Gehältern, von Umweltabgaben, von Steuern und Beiträgen sowie von Zinsen (auf Eigen- beziehungsweise Fremdkapital) entgolten. Empfänger dieser Entgelte sind Mitarbeiterinnen und Mitarbeiter, die Anwälte der natürlichen Umwelt, der Staat und die Anteilseigner beziehungsweise Gläubiger.

Gemäß der Logik dieser Verteilungsregel werden drei Ressourcen – nämlich Arbeit, Umwelt und Gesellschaft (einschließlich des Fremdkapitals) – als Kostenfaktoren definiert und mit einem möglichst niedrigen Entgelt abgefunden, während der verbleibende Überschuss, der Reingewinn, den Kapitaleignern zugewiesen wird. Dass die relativ geringen Einkommensanteile der abhängig Beschäftigten, der natürlichen Umwelt und des Staates an der gemeinsam erwirtschafteten Wertschöpfung eine wachsende soziale Ungleichheit und gesellschaftliche Polarisierung erzeugt haben, ist auf die Mutation des rheinischen Kapitalismus in den angloamerikanischen Finanzkapitalismus und die wuchernde Verbreitung dieser kapitalistischen Verteilungsregel zurückzuführen.

Entstehung des Reichtums

Die kapitalistische Verteilungsregel beantwortet die Frage, wie Reichtum und exklusiver Reichtum an der

Grenzlinie zwischen dem rheinischen und dem angloamerikanischen Finanzkapitalismus entsteht.

Die Quelle des Reichtums ist zuerst ein soziales Phänomen. Er wird kollektiv und gesellschaftlich geschaffen. Die unternehmerische und gesamtwirtschaftliche Wertschöpfung entsteht durch ein Zusammenspiel zahlreicher Ressourcen, unter denen die vier genannten Ressourcen herausragen. Aber das Ergebnis des kollektiven Engagements wird selektiv und asymmetrisch angeeignet.

Reichtum entsteht weder durch den asketischen Lebensstil eines erwerbsfähigen, hochmotivierten und sparsamen Arbeitnehmers noch durch die Sparneigung hochvermögender Haushalte. Die Festlegung des Leitzinses, zu dem die Banken sich bei der Zentralbank refinanzieren können, die Geld- und Kreditschöpfungsmacht der Finanzinstitute, die Kursbewegungen auf den Finanzmärkten sowie die expansive oder kontraktive Entwicklung öffentlicher Haushalte sind die vorrangigen Stellgrößen dafür, dass Reichtum entsteht.

Reichtum entsteht ungleich und konzentriert auf Grund gesellschaftlicher Macht. In einer weithin patriarchalen Gesellschaft wird weniger als die Hälfte der gesellschaftlich notwendigen Arbeit markt-, geld- und erwerbswirtschaftlich organisiert und vorwiegend den Männern zugewiesen, während die private Haus- und Betreuungsarbeit weder als wirtschaftliche Leistung angesehen noch mit einem Arbeitseinkommen entgolten wird. Und wenn die Arbeit erwerbstätiger Frauen um ein Fünftel niedriger entgolten wird, ist dies eher patriarchalen Machtverhältnissen und sexistischen Rollenmustern zuzuschreiben als der Marktsteuerung. Dass geistiger Arbeit ein höherer Rang verliehen wird als körperlicher Arbeit, hat nur wenig mit dem antiken Menschenbild zu tun. Eine größere Rolle spielt die Machtposition der Bildungseliten, die ihnen gestattet, auf ihre Vergütung Einfluss zu nehmen. Selbst diejenigen, die in den Industriebranchen tarifgebunden beschäftigt sind, verdanken den Vorsprung ihrer Einkommen weniger den technischen und organisatorischen Innovationen als vielmehr der solidarischen Gegenmacht, zu der sie sich entschlossen haben.

Ungleich verteilte Vermögen und exklusiver Reichtum werden zusätzlich durch eine gezielte Finanz-, Steuer- und Abgabenpolitik des Staates zugunsten höherverdienender oder vermögender Haushalte erzeugt. Ihnen gewährt der Staat erhebliche Möglichkeiten, ihre Steuerbelastung zu gestalten, so dass ihnen ein vergleichsweise höherer Anteil an Markteinkommen verbleibt.

Die politischen Ankündigungen einer »breiten Ver-
mögensbildung in Arbeiterhand« bleiben marginal,
wenn sie mit den Vorteilen verglichen werden, die
Konzernen und selbständigen Unternehmern gewährt wurden: etwa Sonderabschreibungen, Fristen-
transformation kurzfristiger Bankkredite, steuerbe-
günstigte Selbstfinanzierung sowie Marktlagen- und
Inflationsgewinne und relativ niedrige Sparquoten
breiter Bevölkerungsgruppen. Auch die Riester-
Rente ist ein sozialpolitisches Desaster. Vorteilhaft ist
sie nur, wegen der komfortablen Zuschüsse, für Eltern mit mehreren Kindern sowie für Höherverdienende, weil deren Lebenserwartung über dem Bevöl-
kerungsdurchschnitt liegt. Für Geringverdienende ist
sie »hinausgeworfenes Geld«[14], weil diese eine unter-
durchschnittliche Lebenserwartung haben und später vermutlich auf die Grundsicherung angewiesen
sind.

Klassengesellschaft

Ich habe die soziale Ungleichheit entlang der Kon-
fliktlinie von »Kapital und Arbeit«, von Kapitaleignern und abhängig Erwerbstätigen verortet. Ist diese
Analyse nicht ein Kurzschluss, nachdem das Panorama sozialer Ungleichheit Arbeiter, Angestellte, Beamte, Facharbeiter und Hilfskräfte, Ost- und West-

deutsche, Frauen und Männer, Jüngere und Ältere, regulär und prekär Beschäftigte, Deutsche und Migranten hat sichtbar werden lassen? Mündet die kapitalistische Dynamik in eine Phase des »Kapitalismus ohne Klassen«?[15]

Nicht nur in der Arbeiterschaft hat die Differenzierung zugenommen. Eine soziokulturelle Vielfalt, abweichende Interessen, persönliche Lebensstile, politische Überzeugungen und Wertorientierungen, die entsprechend dem Bildungsgrad, dem Alter und dem Herkunftsmilieu variieren, prägen heutzutage das Profil der Gesellschaft mehr als die Höhe des verfügbaren Einkommens oder Vermögens. Darauf hat sich die Milieuforschung zu Recht mit ihrer kultur- und subjektorientierten Sichtweise eingestellt. Dennoch bleiben auf deren Milieulandkarten neben den horizontal eingefügten Variablen – Alter, Wertorientierung und Lebensstil – die objektiv verfügbaren Ressourcen eingezeichnet. Sie werden nicht zugedeckt. Tatsächlich durchbrechen hohe regionale Mobilität, Heiraten, Erziehungsstile, Partnerwahl, Sportarten, parteipolitische Optionen nur selten die weiterhin vorhandenen Klassenlagen. Folglich sind Klassenanalyse und Milieuforschung miteinander zu verknüpfen, indem auf der vertikalen Achse Klassenlagen und auf der horizontalen Achse Mentalitäten abgetragen werden. Offensichtlich lässt sich die vertikal soziale Ungleichheit in Deutschland ohne eine Klassenanalyse nicht erschöpfend erklären. Aber die Klassenanalyse ist auch durch die Milieuforschung aufgeklärt worden.

Denn erstens wird die ökonomische Eindimensionalität der Klassenbildung aufgegeben. Zweitens ist die kapitalistische Klassengesellschaft nicht nur um die Konfliktachse der Kapitaleigner und Lohnabhängigen zentriert. In der gegenwärtigen Gesellschaft verkörpern sich Klassenlagen drittens in der konzentrierten Verfügbarkeit über Kapital, symbolisches Wissen, die Rangstellung in einer Organisation oder die Zugehörigkeit zu informellen Beziehungsnetzen. Dennoch ist viertens das primäre Machtgefälle, das vertikal soziale Ungleichheit und gesellschaftliche Polarisierung erzeugt, an die konzentrierte Verfügbarkeit über reales und finanzielles Kapital gekoppelt und in kapitalistischen Großunternehmen beziehungsweise in der Finanz- oder Realwirtschaft verortet. Von dort erstreckt es sich über die politische Sphäre, über die staatliche Verwaltung, über das von wachsender Kommerzialisierung infizierte Bildungs- und Gesundheitswesen bis hin zu Kirchenleitungen und ihren der großen Koalition freundlich gesinnten Erklärungen. Plurale Klassenlagen mögen formal voneinander abweichen oder getrennt erscheinen. Die Klassenmitglieder bilden jedoch eine geschlossene Elite, die in vergleichbaren Bildungskarrieren homogen geformt ist. Ein Austausch und Wechsel beispielsweise von der politischen Arena in die Wirtschaft und umgekehrt werden inzwischen fast nahtlos vollzogen.

4 Gerecht und solidarisch

Der Unmut über die soziale Ungleichheit in einem Land, das bisher noch nie über einen derartigen Reichtum verfügt hat, entlädt sich schnell in einem empörten Alarmruf über die soziale Ungerechtigkeit. Ist diese Reaktion vorschnell und überhaupt methodisch korrekt? Immerhin enthält das Grundgesetz einen starken Anker gegen ein sonst beherrschendes Freiheitspathos: »Die Bundesrepublik Deutschland ist ein demokratischer und sozialer Bundesstaat.« Diese Klausel soll meine normative Reflexion anleiten, die jedoch zugleich an die Beschreibung der sozialen Ungleichheit und die Analyse kapitalistischer Dynamik anschließt. Ich will die Grundsätze der Gerechtigkeit als Gleichheitsvermutung und der Solidarität als verbindlichen Ausgleich unterschiedlicher Lebensrisiken erläutern. Darin sehe ich eine Antwort auf die erkennbaren Risiken des gesellschaftlichen Zusammenhalts. Ich halte sie für angemessen und berechtigt, weil bloß technische, sozioökonomische oder gar militärische Antworten ihre Wurzelbehandlung verfehlen. Ich hoffe, dass ich dabei methodisch korrekt vorangehe und den Begriff der sozialen Ungleichheit aus der Welt der Tatsachen nicht mit den normativen Kategorien der Gerechtigkeit und Solidarität vermische und in einen naturalistischen Fehlschluss stolpere. Denn eine solche Neigung, die beiden Sphären zu verwechseln, kritisiert neben anderen der Soziologe und Gesellschaftstheoretiker Niklas Luhmann. Er wehrt sich gegen moralische Übergriffe auf funktional ausdifferenzierte Teilsysteme einer modernen, weltanschaulich neutralen Gesellschaft. Der binäre Code beispielsweise des Systems Wirtschaft laute: zahlen oder nicht zahlen, kreditwürdig oder nicht kreditwürdig sein. Eine moralische Kommunikation würde das Funktionieren des Systems nur stören und Alarm auslösen. Folglich sollten binär codierte Systeme moralfreie Systeme sein. Die Aufgabe der Ethik bestehe darin, »vor Moral zu warnen«.[16]

Genau einen solchen Appell »Moral an die Börse!«[17] hat der erfolgreiche Spekulant George Soros nach der Finanzkrise wiederholt an die Politiker und Finanzakteure gerichtet. Die finanzwirtschaftliche Praxis solle stärker in moralische Überzeugungen eingebettet sein. Warb er für eine Umkehr der Finanzakteure oder für eine Korrektur verbindlicher Regeln des Finanzsystems? Auch Papst Franziskus scheint eher von neuen Einsichten und Gewohnheiten eine Änderung der Strukturen zu erwarten, weil andernfalls die Strukturen früher oder später korrupt, drückend und unwirksam werden. Aber gibt es ein richtiges Leben im falschen? Verändern moralische Überzeugungen des Teilens bereits eine Wirtschaft, die tötet?

Neben der Vorentscheidung zu einer Tugendethik oder Regelethik ist indessen eine zweite Option bedeutsam. Religiöse Menschen in Deutschland werden geneigt sein, sich auf die jüdisch-christliche Überlieferung zu besinnen, die sich in der Bibel finden lässt. Doch davor schien Reichskanzler Otto von Bismarck zu warnen, der erklärte: »Mit der Bergpredigt kann ich nicht regieren.« Eine Bemerkung von Hilmar Kopper, dem früheren Vorstandsvorsitzenden der Deutschen Bank, klingt ähnlich. Er sieht sich überfordert, mit Hilfe des Katechismus die Kreditwürdigkeit eines Kunden zu überprüfen. Und vom Leiter eines ökonomischen Forschungsinstituts in Halle wird erzählt, dass er nach einer Besichtigung von Schülerinnen gefragt wurde, welche Bücher er ihnen zu lesen empfehle. Seine Antwort lautete: »Bloß nicht die Bibel.«

Trotz dieser Vorbehalte will ich den Spuren einer religiös-biblischen Orientierung und einer ethischen Reflexion als normativer Antwort auf soziale Ungleichheit und gesellschaftliche Polarisierung nachgehen.

Biblische Orientierung

Die Orientierung an biblischen Aussagen verläuft methodisch entlang zweier Wege. Zum einen können biblische Texte mit einem Vorverständnis wahrgenommen werden, das sich aus aktuellen Erfahrungen und Selbstdeutungen speist. Umgekehrt kann ein Quasidialog mit anregenden Botschaften der Texte gelingen, die helfen, die gegenwärtige Situation zu deuten und zu gestalten. Dabei wird eine Konvergenz zwischen der Option biblischer Gerechtigkeit und der neuzeitlichen Proklamation der Menschenrechte erschlossen. Diese sind als politische Beteiligungsrechte, wirtschaftlich-soziale und kulturelle Anspruchsrechte sowie freiheitliche Abwehrrechte anerkannt.

Die Menschenrechte waren ursprünglich eine Reaktion auf die Anmaßung absoluter und willkürlicher Staatsgewalt in England, Amerika und Frankreich. In der Menschenrechtserklärung der Vereinten Nationen wurden sie nach unsäglichen Leidenserfahrungen während des Zweiten Weltkriegs und engagierten Reflexionen zu einem gesellschaftlichen Gegenentwurf weltweit proklamiert. In den christlichen Kirchen hat die Menschenrechtsbewegung leider erst sehr spät eine positive Resonanz gefunden. Ihre Dynamik übernehmen Christen zunehmend in ihrem Widerstand gegen eine autokratische und patriarchale Kirchenleitung. Von anderen Weltreligionen wird sie in einem zögernden, aber zustimmenden Lernprozess angeeignet.

Gesegnetes Volk

Schon vor dem Zweiten Vatikanischen Konzil sind die Schöpfungserzählungen der Bibel so gedeutet worden, dass die neuzeitliche Entdeckung des individuellen Subjekts und das dazugehörige Freiheitspathos in das Gewand einer christlichen Anthropologie gekleidet werden konnten. Gott habe den Menschen als sein Ebenbild geschaffen, ihm eine zentrale Stellung in der Schöpfung zugewiesen, das Haus des Lebens zum Wohl aller Lebewesen zu hüten und zu bewahren. Im ungünstigen Fall hatte sich jedoch die Reflexion über den Menschen und dessen Personalität auf das Individuum und die männliche Variante verkürzt. Dabei hätte die Erzählung von der gleichzeitigen Erschaffung zweier menschlicher Wesen den Blick auf die soziale Dimension der Familien- und Gemeinschaftsbildung lenken können.

Inzwischen ist eine Akzentverlagerung eingetreten. Der spätere Schöpfungsbericht wird so gedeutet, dass er an das ursprüngliche Bekenntnis der Entstehung des Volkes Israel anschließt. In dieser Gründungserzählung ist das Volk der erste Adressat einer besonderen Erwählung Gottes. »Höre Israel, ich bin der Herr dein Gott, der dich aus Ägypten geführt hat, aus dem Sklavenhaus.« Die fortwährende Vergegenwärtigung dieser Befreiungstat hat im Volk drei Einstellungen wachsen lassen und auf Dauer gestellt: erstens das Staunen darüber, dass gerade ein kleines, zerstrittenes und militärisch unterlegenes Volk auf die Zuneigung Gottes vertrauen kann; zweitens den Dank über die Zusage eines fruchtbaren Landes, das allein Gott gehört und deshalb allen Bewohnern Wohlstand und Reichtum bietet. Arme soll es in Israel nicht geben; und drittens die dem Volk anvertraute Sorge für jene, denen das Schicksal übel mitgespielt hat – Waisen, Witwen und Fremde. »Du weißt, wie es den Fremden zumute ist, denn du bist selbst fremd in Ägypten gewesen.« Die Benachteiligten zu schützen gilt als Gottes Gebot.

Staunen, Dankbarkeit und Mitempfinden verdichten sich zu einer Synthese, welche die Beziehung der Menschen zu Gott und ihre Beziehungen untereinander in ein Verhältnis setzt. Doch dieser Versuch endet in einer Aporie: Der Abstand der Menschen zu Gott ist nämlich unermesslich. »Meine Gedanken sind nicht eure Gedanken, und eure Wege sind nicht meine Wege – So hoch der Himmel über der Erde ist, so hoch erhaben sind meine Wege über eure Wege und meine Gedanken über eure Gedanken.« Daraus folgt ein Eingeständnis, dass im Vergleich zu dem radikalen Anderssein Gottes die Differenzen der Menschen untereinander marginal sind. Alle dürfen sich als Gleiche, als Schwestern und Brüder begreifen.

Reichtum und Ansehen

Großer Reichtum an seltenen Gütern und hohes Ansehen in der Gemeinde, die durch fleißige Arbeit oder glückliche Umstände gewonnen wurden, gelten als ein Segen Gottes. Wer reich geworden ist, weiß darum, dass Gott ihn segnet und ihm ein solches Glück geschenkt hat. Aber unermesslicher Reichtum und außergewöhnliches Ansehen sind brüchig und bleiben nicht für alle Zeit. Wer sein Herz an sie hängt, ist nicht weise. Dem Reichen erscheint nur in seiner Einbildung das Vermögen als schützende Mauer. Ein

Gedicht über die Zeit »für alles Geschehen unter dem Himmel«, für das Aufbauen und Niederreißen, das Pflanzen und das Ausreißen der Pflanzen erinnert den Glaubenden daran, dass Gott zu jeder Zeit, da Reichtum entsteht oder da er vergeht, alles schön und gut gemacht hat. Er legt seine Ewigkeit in die Zeiten der Menschen hinein, so dass sie gelassen, bescheiden und weise werden. In einer solchen Haltung entscheidet sich der junge König Salomon, dem Gott einen Wunsch frei gibt, nicht für Reichtum und Macht, sondern für die Weisheit eines hörenden und verständigen Herzens.

Reichtumskritik

Die Propheten verurteilen radikal einen Reichtum, der durch heimliche Tricks oder offenes Unrecht erworben wurde. Die Kritik richtet sich zuerst gegen die religiösen und politischen Eliten, die das Volk ausbeuten und unterdrücken. Ihnen wird vorgeworfen, dass sie die Mehrheit der Bevölkerung von der Nutzung des Landes ausschließen, dessen einziger Eigentümer Gott ist. Den Reichen wirft der Prophet Amos vor, dass sie in Steinpalästen, in Sommer- und Winterresidenzen wohnen, aber den Armen auf den Kopf treten und sie für ein paar Sandalen verkaufen. Sie räkeln sich in weichen Polstern und bezahlen ihre

Kosmetika und ihren Wein mit dem, was sie an Zinsen, Bußgeldern und Steuern kassieren. Sie sind reich geworden, weil sie die Hohlmaße für die verkauften Waren manipuliert, die Gewichtsteine für das Silbergeld gefälscht und die Waagebalken verbogen haben. Doch im Gericht werden sie wie Körner in einem Sieb geschüttelt und in der Kelter zertreten. Ihre Häuser werden zertrümmert und sie selbst in Stücke gehauen. Wie von einem Schaf, das der Löwe packt, bleiben nur ein Ohrläppchen und zwei Knochen übrig.

Den Propheten vergleichbar kritisiert das Evangelium nach Lukas ungewöhnlich scharf den gesellschaftlichen Riss zwischen Reichen und Armen. Dieser Riss wird religiös gedeutet: »Ihr könnt nicht Gott dienen und dem zu Unrecht erworbenen Geld.« – »Wie schwer ist es für Menschen, die viel besitzen, in das Reich Gottes zu kommen. Eher geht ein Kamel durch ein Nadelöhr, als dass ein Reicher in das Reich Gottes gelangt.« In einer Feldrede wird der Kontrast zwischen Reichen und Armen explizit erwähnt: »Selig ihr Armen, denn euch gehört das Reich Gottes. Selig, die ihr jetzt hungert, denn ihr werdet satt werden.« – »Aber weh euch, die ihr jetzt reich seid, ihr habt keinen Trost mehr zu erwarten.« – »Weh euch, die ihr jetzt satt seid, denn ihr werdet hungern.«

Die Erzählung vom armen Lazarus und dem reichen Mann ohne Namen veranschaulicht in einem doppelten Szenario den tiefen Abgrund zwischen Arm und Reich, den niemand außer Gott überwinden kann: Hingeworfen direkt vor dem Portal des Reichen, der genüsslich tafelt, liegt Lazarus. Beide sterben. Der Reiche bettelt in der Unterwelt darum, dass Lazarus, der in die Nähe Abrahams entrückt ist, die Glut seines Leidens mit einem Tropfen Wasser lindere oder wenigstens seine lebenden Brüder warne. Die Antwort Abrahams lautet: Sie würden sich weder durch Mose, die Propheten noch durch einen, der von den Toten aufersteht, überzeugen lassen.

In einer weiteren Erzählung beschreibt das Evangelium die fatale Selbstbezogenheit eines reichen Kornbauern. Dieser blickt auf das Land, das ihm gehört und eine reiche Ernte erwarten lässt. Würde er die gesamte Ernte auf den Markt werfen, müsste er mit einem drastischen Preisverfall rechnen. Um jedoch das Angebot verknappen und einen rentablen Preis erzielen zu können, reichen seine Scheunen nicht aus. Also sollte er sie abreißen und größere bauen. In diesen Selbstdialog eines »Narren« mischt Gott sich ein: »Wem wird dies alles gehören«, wenn noch in dieser Nacht der Tod auf den reichen Kornbauern trifft?

Kirchliche Sozialverkündigung

Deutsche Ökonomen haben Papst Franziskus vorgeworfen, dass er sich die ausgewogene Sozialverkündigung seiner Vorgänger nicht angeeignet habe oder
gar nicht kenne. In Deutschland ist eine nostalgische
Anhänglichkeit an die katholische Sozialehre verbreitet, die es seit dem Zweiten Vatikanischen Konzil
nicht mehr gibt. Man hat wohl auch jene Markierun-
gen der Sozialverkündigung übersehen, die den Blick
auf die Situation, deren kritische Deutung und die
normativen Antworten verändert haben. Ich will an
drei Positionen verdeutlichen, wie sehr Papst Franziskus die häufig überlesenen Positionen seiner Vorgänger aufgearbeitet hat.

Allgemeine Bestimmung der Güter

Die Güter der Erde sind für alle Menschen bestimmt,
die auf diesem Planeten leben, ohne dass jemand
ausgeschlossen oder bevorzugt wird. Diesem Grundsatz sind alle anderen Rechte, auch das des Eigentums und des freien Tausches, untergeordnet. Jeder
Mensch hat das Recht, auf der Erde das zu finden,
was er nötig hat. »Das Privateigentum ist also für niemand ein unbedingtes und unumschränktes Recht«,[18]
weder ein Selbstzweck noch auch die einzig geeig-

nete Eigentumsform, damit die Güter der Erde dazu beitragen, den ganzen Menschen und alle Menschen zu entwickeln. Wert und Funktion des Reichtums in seinen vielfältigen Formen bestehen darin, dass er technischen, menschlichen und organisatorischen Kräften die Ressourcen zur Verfügung stellt, den Wohlstand der Völker zu heben sowie der Ausbeutung und Ausgrenzung entgegenzuwirken. Diese Interpretation des Privateigentums mag überraschend klingen. Zu Recht, denn vor einem Jahrhundert wurde das Privateigentum – konform dem liberalen Verständnis – noch als ein individuelles Naturrecht begriffen, Frucht anstrengender Arbeit und Verlängerung menschlicher Freiheit.

Marktversagen

Die Kritik, die im vorvergangenen Jahrhundert gegen die Marktsteuerung der Arbeitsverhältnisse geäußert wurde, ist Ende der 1960er Jahre auf die internationalen Beziehungen übertragen worden. Wenn ein »freier« Arbeitsvertrag vereinbart wird, dem Arbeitgeber und Arbeitnehmer zwar zustimmen, aber die Verhandlungsposition beider Partner extrem ungleich ist, garantiert die formale Freiheit des Vertragsabschlusses nicht die Gerechtigkeit des Vertragsinhalts. Dies »gilt ebenso von internationalen

Verträgen: Eine Verkehrswirtschaft kann nicht mehr allein auf die Gesetze des freien und ungezügelten Wettbewerbs gegründet sein, der nur zu oft zu einer Wirtschaftsdiktatur führt«.[19] Solange die Regeln des internationalen Handels unter extrem ungleichen Verhandlungsbedingungen zwischen Industrie- und Entwicklungsländern vereinbart werden, ist die freie Zustimmung der Vertragspartner noch keine Garantie dafür, dass die Ergebnisse ihrer Verträge dem Leitbild der Gerechtigkeit entsprechen. Die Autoren der kirchlichen Sozialverkündigung argumentieren nicht aus der Perspektive der reichen und entwickelten Länder, sondern vom Standpunkt der Mehrheit der Weltbevölkerung. Deshalb braucht es in Deutschland einen »Seitenwechsel«, um solche Positionen plausibel zu finden.

Kapitalismus unter Vorbehalt

Eine Diagnose des Kapitalismus unmittelbar nach dem Börsenkrach von 1929 wurde in Rom mit scharfer Feder geschrieben. Die Zusammenballung von Finanzkapital und wirtschaftlicher Macht in den Händen einzelner sei das Ergebnis einer uneingeschränkten Wettbewerbsfreiheit, die am Ende zu ihrer Selbstaufhebung führt. Daraus folgten ein gnadenloser Machtkampf innerhalb der Wirtschaft und ein Kampf der wirtschaftlich Mächtigen, um die staatliche Sphäre zu erobern und den Staat zum Spielball der eigenen Interessen zu machen. Schließlich komme es zu einem Machtkampf der Staaten untereinander, der in einem »Imperialismus des internationalen Finanzkapitals«[20] endet.

Nach der friedlichen Revolution und dem Zerfall des real existierenden Sozialismus stellte sich die Kirchenleitung die Frage, ob der Kapitalismus allein schon deshalb recht habe, weil er gesiegt hat. Als einzige Form wirtschaftlicher Organisation sicher nicht, solange Formen der Ausgrenzung, Ausbeutung und Unterdrückung in den Entwicklungsländern und Arten menschlicher Entfremdung in den Industrieländern existieren. Und solange diejenigen, über welche die wirtschaftliche Entwicklung hinweggeht, weithin Randexistenzen bleiben. Viele andere, die nicht völlig am Rand existieren, leben in einem Milieu, in dem der Kampf um das nackte Überleben absoluten Vorrang hat – und zwar unter den erbarmungslosen Bedingungen der Gründerzeit des Kapitalismus. Trotz der großen Veränderungen in den fortgeschrittenen Gesellschaften bleibt in der Dritten Welt wie auch in der sogenannten Vierten Welt das menschliche Defizit des Kapitalismus bestehen, verursacht durch die absolute Vorherrschaft des Kapitals und des Eigentums an Produktionsmitteln über die »freie Subjektivität der menschlichen Arbeit«.²¹ Und zu alledem verbreitet sich das blinde Vorurteil, dass die Lösung vom freien Spiel der Marktkräfte zu erwarten sei und nicht von politischen Reformen.

Ethische Reflexion

Der Wohlstand in Deutschland sei nicht gerecht verteilt, und die soziale Gerechtigkeit habe in den letzten drei, vier Jahren abgenommen. In dieser Antwort, die mit geringen Schwankungen seit zehn Jahren auf eine regelmäßige Meinungsumfrage gegeben wird, kommen zwei Empfindungen zum Ausdruck: dass soziale Gerechtigkeit etwas mit der Verteilung elementarer Güter und dass Gerechtigkeit etwas mit Gleichheit zu tun hat.

Die erste Empfindung scheint mir von der Überzeugung gespeist zu sein, dass die soziale Gerechtigkeit durch eine andere Verteilung der Lebenschancen und Lebensrisiken erst hergestellt werden muss, also kein bereits existierender Zustand ist. Die zweite Empfindung will sich eines kritischen Maßstabs versichern, der dem diffusen Verlangen nach sozialer Gerechtigkeit eine Form gibt. Ich finde, dass die Triade der allgemeinen Menschenrechte – politische Beteiligungsrechte, wirtschaftlich-soziale und kulturelle Anspruchsrechte sowie bürgerliche Freiheitsrechte – auf beide Empfindungen eine Antwort gibt. Die erste Antwort lautet: Gerechtigkeit ist eine Gleichheitsvermutung. Und die zweite Antwort: Gesellschaftliche Verhältnisse müssen vor denen gerechtfertigt werden, die am wenigsten begünstigt sind.

Moralische Gleichheit

Gegen die Vorstellung gleicher Gerechtigkeit werden zahlreiche Einwände vorgebracht. Aber Gleichheit ist nicht Identität. Zwillinge sind gleich, aber nicht identisch. In programmatischen Forderungen – »Gleiches soll gleich, Ungleiches soll ungleich behandelt werden« oder »Gleicher Lohn für gleiche Arbeit« – drückt sich die Einsicht aus, dass mit Gleichheit verhältnismäßige Gleichheit gemeint ist. Menschen sind gleich hinsichtlich einiger Merkmale, hinsichtlich vieler anderer Merkmale jedoch nicht. Sie können als gleich hinsichtlich ihrer Talente, Verdienste, Funktionen und Positionen angesehen werden. Hinsichtlich solcher Eigenschaften wird ihnen die gleiche Anerkennung oder die gleiche Vergütung zuteil.

In der neuzeitlichen Moderne haben sich gesellschaftlich kreative Menschen für eine kopernikanische Wende entschieden. Das »Gleiche« wird nun nicht mehr hinsichtlich der eben genannten Eigenschaften eines individuellen Subjekts definiert, sondern hinsichtlich des individuellen Subjekts selbst und seiner Absicht, sich selbstbewusst und selbstbestimmt zu verwirklichen. Die Mitglieder einer an den Menschenrechten orientierten Gesellschaft gestehen sich wechselseitig den gleichen moralischen Anspruch zu, mit der gleichen Rücksicht und Achtung behandelt zu werden wie jeder oder jede andere. Sie respektieren sich von einem Standpunkt der Unparteilichkeit und der Allgemeinheit aus als autonome Lebewesen und behandeln sich nicht gleich, sondern als Gleiche.

Differenzen

Aus dem Grundsatz moralischer Gleichheit lässt sich nicht direkt und unmittelbar eine Gleichheitsvermutung für die Verteilung wirtschaftlicher Güter und gesellschaftlicher Machtpositionen, von Bildungszugängen und Verfügungsrechten ableiten. Wer dies versuchen wollte, würde in eine gesellschaftspolitische Moralfalle stolpern. Aber eine Gesellschaft, die den Grundsatz moralischer Gleichheit anerkennt, in der gleiche Rechte auf politische Beteiligung, ein Mindestniveau wirtschaftlicher, sozialer und kultureller Güter sowie freiheitliche Selbstbestimmung gelten, strebt eine eher gleichmäßige Güterverteilung an. Sie toleriert nur einen relativ niedrigen Grad sozialer Ungleichheit. Die auftretenden und zugelassenen Differenzen der Verteilung rechtfertigt sie nur durch Gründe, die ausschließlich in persönlichen Leistungen, etwa in der Mobilisierung natürlicher Talente oder Energiepotentiale, verankert sind. Über das Ausmaß der zugelassenen Differenzen sollten jedoch nicht die gesellschaftlichen Eliten, sondern die gesellschaftlich Benachteiligten entscheiden.

Der Grundsatz moralischer Gleichheit ist mit der Anerkennung und Entfaltung unterschiedlicher Talente und Energien vereinbar. Aber die Individuen sollten, ungeachtet unterschiedlicher Ressourcen und Motive, nicht nur zu Beginn des Laufs die gleichen Startchancen haben, sondern auch während des Laufens die gleichen Erfolgschancen behalten. Dazu müssen natürliche Beeinträchtigungen und gesellschaftliche Benachteiligungen fortlaufend korrigiert werden. Beispielsweise wird eine Gesellschaft, die dem Grundsatz moralischer Gleichheit einen hohen Rang einräumt, sich darum bemühen, dass der Chancengleichheit im Ausbildungssystem die Chancengleichheit im Beschäftigungssystem folgt. Und dass die gleichen Zugangschancen zu Bildungsgütern und zur Erwerbsarbeit in eine volle wirtschaftliche Einbindung und gesellschaftliche Beteiligung münden. Zudem wird sie die Beeinträchtigungen und Benachteiligungen, die als Zufallsergebnisse der natürlichen und gesellschaftlichen Lotterie erkennbar sind, gesellschaftlich ausgleichen. Aber sie wird auch jene Ungleichheiten, die durch individuelle Fahrlässigkeit oder liebgewordene Gewohnheiten verursacht sind, nachsichtig beurteilen und großzügig ausgleichen. Ist denn eindeutig zu ermitteln, wie weit jeweils mangelnde Verantwortung, persönliches Verschulden oder gesellschaftliche Verhältnisse den Zugang zu Gesundheits- und Bildungsgütern oder die Veredelung des Arbeitsvermögens blockiert haben? Und lassen sich natürliche Beeinträchtigung und gesellschaftliche Benachteiligung beziehungsweise private Risiken, die auf individuelles Fehlverhalten zurückgehen, und Risiken, die gesellschaftlich bedingt sind, trennscharf abgrenzen? Folglich ist eine gesellschaftliche Nachsicht gegenüber den Schwächen individueller Verantwortung und der Fahrlässigkeit persönlicher Lebensstile vertretbar.

Solidarität

»Wie solidarisch muss Deutschland sein?« Diese Frage wurde in einer Talkrunde im August 2013 gestellt. Die Gesprächspartner gaben zur Antwort, dass Solidarität keine Einbahnstraße sei und dass wettbewerbsschwache Länder der Euro-Zone erst einmal ihre Hausaufgaben machen müssten. In den Antworten stecken bereits zwei Fehldeutungen von Solidarität.

Solidarität ist ein Zauberwort, das in keinem Programm einer Partei und in keinem Appell eines Verbandes fehlt. Dabei geht es gar nicht zuerst um die Tugend des Mitleids und der Barmherzigkeit, also einer Gesinnung oder konkreten Aktion, wie sie bei Naturkatastrophen spontan geweckt wird. Solidarität ist eine gesellschaftliche Steuerungsform, die das Handeln von Individuen aufeinander abstimmt – wie in der Partnerschaft die Liebe oder Leidenschaft, in der Wirtschaft die Zahlungsfähigkeit, in der politischen Sphäre die Macht und in der Wissenschaft die Wahrheit. Die Steuerungsform der Solidarität regelt den rechtsverbindlichen Ausgleich gesellschaftlicher Risiken oder Interessen, von denen Individuen oder Gruppen ungleich betroffen sind.

Solidarität wird mitunter das »Andere der Gerechtigkeit« genannt. Dieses Andere liege – über die wechselseitig gleiche Anerkennung hinaus – in der radikalen Parteinahme für diejenigen, die von der Gesellschaft ausgegrenzt oder gar ausgeschlossen sind, in einer außergewöhnlichen Fürsorge, die strenge Mindestverpflichtungen übersteigt, im Respekt vor dem anderen als unvertretbar einzelnen – im Unterschied zum Respekt vor den anderen als gleichberechtigten Mitgliedern einer egalitären Gesellschaft.

Die charakteristischen Merkmale der Solidarität als Steuerungsform sind erstens eine gemeinsame Grundlage. Für sie gibt es zwar objektive Anhaltspunkte, aber sie ist eine gesellschaftliche Option, sowohl empfunden als auch absichtlich anerkannt. Eine solche Grundlage können die Klasse, das Geschlecht, die gemeinsame Abstammung, Geschichte, Sprache, Kultur, Religion oder ein kollektiv erlittenes Schicksal sein. Trotz der gemeinsamen Grundlage sind zweitens im nationalen Rahmen die großen Lebensrisiken – etwa der Altersarmut, Krankheit und Pflegebedürftigkeit – sowie im transnationalen Rahmen die sozioökonomischen Lebensverhältnisse ungleich verteilt. Drittens werden gegenseitige Rechte und Pflichten des Interessenausgleichs durch die Verfassung oder internationale Verträge (rechts)verbindlich festgelegt. Und viertens folgt aus der gemeinsamen Grundlage und den unterschiedlichen Lebensrisiken eine asymmetrische Gegenseitigkeit: Beiträge werden gemäß der Leistungsfähigkeit entrichtet, Hilfeansprüche gemäß dem akuten Bedarf erfüllt.

Das Besondere der Solidarität als Steuerungsform lässt sich verdeutlichen, indem sie der Marktsteuerung gegenübergestellt wird. Der Markt ist eine entgrenzte, anonyme Steuerungsform des Interessenausgleichs. Auf ihm herrscht strenge Gegenseitigkeit von Leistung und Gegenleistung – und zwar sofort oder zumindest innerhalb einer berechenbaren Periode gemäß den Signalen der individuellen Kaufkraft und des Leistungsvermögens. Die Steuerungsform der Solidarität dagegen regelt den Interessenausgleich innerhalb einer relativ geschlossenen Gruppe. Sie ist exklusiv, profiliert sich häufig in der Abgrenzung zu Außenstehenden. Die Gegenseitigkeit von Beitrag und Hilfeanspruch ist durch einen Erwartungswert verknüpft, der weit in die Zukunft hineinreicht. Zum anderen unterliegt das Urteil über diesen »Schatten der Zukunft« einer stark subjektiven Bewertung des gesellschaftlichen Risikos, von dem die Individuen betroffen sind.

Das »Geheimnis« der Solidarität besteht also darin, dass die weniger Schwachen für die Schwächeren, die weniger Armen für die Ärmeren und die seltener Kranken für die häufiger Kranken einstehen. Die ungleiche Risikoverteilung wird mittelbar durch den Grundsatz der Gerechtigkeit als Gleichheitsvermutung abgefedert. Folglich wird das Verhältnis von Rechten und Pflichten nicht aus der Perspektive von oben nach unten, von den wirtschaftlich leistungsstarken zu den leistungsschwachen Mitgliedern betrachtet, sondern in einem unterstellten »Ortswechsel« aus der Sicht derer, die darunter leiden, dass sie benachteiligt und ausgegrenzt sind.

Das Gesundheitswesen in Deutschland hat ein beachtliches solidarisches Profil. Aber es schleppt ein feudales Erbe mit sich herum: Krankenkassen, die nach individuellen und gruppenbezogenen Risiken sortiert sind, bilden in einer demokratischen Gesellschaft einen Fremdkörper. Es sollten alle Personen, die im Geltungsbereich der Verfassung ihren Lebensmittelpunkt haben, ohne Rücksicht darauf, ob sie Arbeiter oder Angestellte, Selbständige, Beamte, Richter, Soldaten oder Bauern sind, in eine einzige Solidargemeinschaft einbezogen sein. Und alle Einkommen, die im Geltungsbereich des Grundgesetzes entstehen, sollten beitragspflichtig werden. Beitragsbemessungs- und Versicherungspflichtgrenzen werden aufgehoben. Solidarische Gesundheitsleistungen sind von unten her gesockelt und nach oben hin gedeckelt. Privatversicherungen werden bloße Zusatzeinrichtungen. Wohlhabende und exklusiv Reiche können sich der Solidaritätspflicht nicht mehr entziehen. Sie können sich zusätzlich privat absichern, wenn die Standardleistungen ihren Ansprüchen nicht genügen.

5 Teilen – was sonst

Nachdenkliche Ökonomen sind sensibel geworden für die zwei Seiten der Identität von Menschen, die eigeninteressiert sind und Sympathie empfinden für ihre Mitmenschen. Und dass sie die Sympathie für andere nicht ablegen, wenn sie als Wirtschaftssubjekte tätig sind. Ich halte dies für einen Phasenwechsel im sozioökonomischen Denken. Deshalb halte ich auch in Deutschland die Zeit reif dafür, sich von der vorrangigen Wachstums- und Wettbewerbsoption zu verabschieden. Die relevanten Entscheidungsträger sollten den Schalter umlegen und die Umkehr zu einer ausgewogenen Verteilung des gemeinsam geschaffenen Reichtums einleiten. Von den Kommunen über die Länder, Nationen, Kontinente bis hin zu allen Bewohnern des Planeten Erde sollten die Grundsätze der gleichen Gerechtigkeit und Solidarität gelten.

Aber muss nicht erst produziert werden, was anschließend verteilt werden kann? Muss nicht auch der Kuchen erst im Ofen gebacken werden, bevor er auf den Tisch gestellt und gegessen wird? Diese »Kuchenökonomie« täuscht. Wenn die soziale Ungleichheit weiter zunimmt und ein größerer Teil der Bevölkerung abgeschrieben wird, werden die Unternehmen die Produktpalette beschleunigt auf Luxusgüter verlagern, ähnlich wie Rüstungsfirmen der Spur folgen, die in militärische Krisengebiete weist. Würden dagegen die unteren Einkommensklassen und die Belegschaften über die Produktpalette mitbestimmen, änderte sich das Profil des Güterangebots.

Wenn der real existierende Kapitalismus unter dem hegemonialen Finanzregime sich selbst überlassen bleibt, treibt er die soziale Ungleichheit unerbittlich weiter. Diejenigen, die über ein großes Vermögen, einen gehobenen gesellschaftlichen Rang, einen höheren Bildungsgrad und informelle soziale Netze verfügen, werden ihre Macht aufbieten, damit der Abstand zu den mittleren und unteren Bevölkerungsklassen erhalten bleibt oder größer wird. Aber ich finde: Nicht die Demokratie soll marktkonform werden, sondern der Kapitalismus demokratiekonform. Ich schlage exemplarisch einige Schaltstellen vor, die den Kapitalismus im 21. Jahrhundert in einen egalitären Kapitalismus verändern könnten.

Tarifverträge

»Mindestlöhne sind Ausdruck sozialer Gerechtigkeit und ökonomischer Vernunft«, erklärt Andrea Nahles. Ja, sie werden die soziale Ungleichheit von unten her entschärfen. Im Vergleich mit flächendeckenden Tarifverträgen bilden sie jedoch eine Nebenarena. Als hoheitliche Setzung des Staates treten sie neben die korporative Vereinbarung der Tarifpartner. Wie hoch mag die Kompetenz des Staates sein, einen flächendeckenden Mindestlohn zentral festzulegen, der die personale, regionale und sektorale Vielfalt der Arbeitsverhältnisse berücksichtigt? Welche Rolle übernimmt der Staat in jener Kommission, die mit jeweils drei Mitgliedern der Tarifpartner besetzt ist? Spielt er den wohlwollenden Beobachter, den Schiedsrichter oder die dritte Kraft, die das allgemeine Interesse vertritt? Im ungünstigen Fall ergreift er Partei und bremst im Interesse der Exportindustrie die Lohnforderungen der Gewerkschaften aus. Tarifverträge sind zivilgesellschaftlich verankert; der allgemeine gesetzliche Mindestlohn ist Sozialpolitik.

Die Festigung der Tarifautonomie ist ein entscheidender Schalter, um die soziale Ungleichheit zu beseitigen und eine ausgewogene Verteilung der Lohneinkommen wiederherzustellen. Jedes Unternehmen sollte, wie es für Handwerksbetriebe gilt, der Tarifbindung unterliegen. Dann sollte die Regierung eine Allgemeinverbindlichkeit eines Tarifvertrags erklären, der für einen erheblichen Anteil der Beschäftigten einer Branche oder Region abgeschlossen worden ist. Von den Tarifpartnern werden jährlich etwa 40 000 Tarifverträge ausgehandelt, die für etwa vierzig Millionen Erwerbstätige gelten – ausdifferenziert nach Branchen, Regionen oder einzelnen Unternehmen. Gegenstand der Vereinbarungen sind Arbeitsentgelte und Arbeitsbedingungen. Die Arbeitsentgelte sind nach Lohngruppen gegliedert. Die Arbeitsbedingungen umfassen Arbeitszeiten, Pausenregelungen, Sonderzahlungen, Urlaubstage und Formen der Mitbestimmung am Arbeitsplatz. Über die überdurchschnittliche Anhebung der unteren Lohngruppen und damit über ein Abschmelzen der Lohnspreizung wird zwischen Gewerkschaften und Arbeitgebern immer heftig gestritten.

Unmittelbar entscheiden die Tarifverträge darüber, wie die unternehmerische Wertschöpfung auf Lohn- und Gewinneinkommen verteilt wird. Sie orientieren sich an der erwarteten Verwendung der jeweiligen Einkommen für Konsum- und Investitionszwecke, an den erwarteten Ansprüchen des Staates und an den Abgaben für den Verbrauch der natürlichen Umwelt. Mittelbar jedoch enthalten die Tarifabschlüsse auch Vorentscheidungen über die Verteilung der gesellschaftlichen Arbeitszeit auf Männer und Frauen, auf die Zeiten, die der Erwerbsarbeit, der Arbeit in der Privatsphäre und der ehrenamtlichen Arbeit gewidmet sind.

Bei aller Vielfalt der Tarifabschlüsse und wechselnder Verhandlungsmacht der Tarifpartner, die sich phasenweise verschiebt, bleibt mittelfristig die Lohnentwicklung an einem Korridor orientiert, der sich aus der Entwicklung der gesamtwirtschaftlichen Produktivität und der erwarteten beziehungsweise zugelassenen Inflationsrate ergibt. Arbeitgeberverbände und Gewerkschaften mit hohem Organisationsgrad üben in der Regel eine Tariffführerschaft aus, der sich Gewerkschaften in anderen Branchen modifiziert anschließen. Auf die gesamtwirtschaftliche Entwicklung und die Bandbreite der wirtschaftlichen Leistungsfähigkeit verschiedener Branchen Rücksicht zu nehmen setzt innerhalb der Gewerkschaftsbewegung eine erhebliche Solidarität voraus.

Die Tarifautonomie als friedliche Konfliktbewältigung, die sich in den Flächentarifverträgen verkörpert, wird selbst von Arbeitgebern und Unternehmen wieder positiv bewertet. Sie gewährleistet nämlich gleiche Wettbewerbsbedingungen auf den sogenannten Arbeitsmärkten. Dass die Kirchen Tarifverträge und die Kooperation mit bewährten Gewerkschaften verweigern, ist aus politischen Gründen nicht, aus religiösen Motiven schon gar nicht vertretbar.

Mitbestimmung

Das Lohnarbeitsverhältnis ist trotz der asymmetrischen Verhandlungsposition der Vertragspartner moralisch nicht verwerflich, solange das individuelle und kollektive Arbeitsrecht, etwa der Kündigungsschutz oder die Tarifautonomie, die abhängig Beschäftigten vor willkürlicher Machtausübung der Arbeitgeber schützt und verhindert, dass die Arbeit zur bloßen Ware erniedrigt wird.

Zwei Gründe legen es jedoch nahe, den Schalter des bloßen Arbeitsverhältnisses umzulegen und in ein Gesellschaftsverhältnis zu überführen. Rechtlich gesehen, sind die abhängig Beschäftigten gegenüber den Eigentümern oder Gesellschaftern eines Unternehmens Außenstehende geblieben, wenngleich sie sich auf Grund der täglichen Arbeit mit ihrem Unternehmen verwachsen erleben. Zudem lässt sich das Arbeitsvermögen, das sie dem Unternehmen zur Verfügung stellen, nicht von der Person, der dieses

Arbeitsvermögen gehört, ablösen. Auch der Arbeitgeber ist nicht an einer einzelnen Arbeitsleistung interessiert, er will den Zugriff auf die arbeitende Person. Diese muss sich während der Arbeit einem fremden Willen unterwerfen.

Die Forderung nach Mitbestimmung im Betrieb und im Unternehmen basiert auf zwei normativen Überzeugungen. Sich einer fremden Organisations- und Leitungsmacht zu unterwerfen ist mit der Würde arbeitender Menschen nur dann vereinbar, wenn diesen eingeräumt wird, dass sie an der Vorbereitung wirtschaftlicher Entscheidungen und an den Entscheidungen selbst aktiv beteiligt werden. Die abhängig Beschäftigten sollen ihre Selbstachtung und personale Würde nicht am Betriebseingang oder an der Bürotür abgeben, nicht bloße Untertanen und stumme Befehlsempfänger sein. Denn der Anspruch auf Gleichheit und Mitbestimmung gilt als ein berechtigter Ausdruck menschlicher Würde und Freiheit sowie der Demokratisierung aller Lebensbereiche.

Die zweite normative Überzeugung gilt einer fairen Verteilung der unternehmerischen Wertschöpfung auf jene Ressourcen, die gemeinsam die Wertschöpfung erwirtschaftet haben. Dazu muss die herkömmliche kapitalistische Verteilungsregel durchbrochen werden, vorrangig das Geldvermögen zu steigern. Eine egalitäre Verteilungsregel, die soziale Ungleichheit und gesellschaftliche Polarisierung schon im Ansatz und an der Wurzel vermeidet, garantiert den vier Ressourcen jeweils faire Anteile an der Wertschöpfung, die sie gemeinsam erwirtschaftet haben. Dies ist nur zu verwirklichen, wenn die Vertreter oder Anwälte dieser Ressourcen in den Entscheidungsgremien des Unternehmens paritätisch mitbestimmen.

Vermögensteuer

»Eigentum verpflichtet.« Dieser Satz des Grundgesetzes verhext den Verstand und das Denken. Dem Satz fehlt das Subjekt, das denjenigen identifiziert, dem etwas gehört. Und es fehlt das Objekt, das anzeigt, worin die Verpflichtung besteht. Ist das Eigentum des Grundgesetzes ein unbekanntes Wesen, dem kein Steuerzugriff gewachsen ist?

Seitdem deutlich wurde, dass die Lasten der deutschen Wiedervereinigung und vor allem die der Bankenrettung innerhalb derselben Klasse verteilt worden sind, hat sich wiederholt die Forderung nach einer Vermögensteuer und einer Veränderung der Erbschaftsteuer Luft gemacht. Aber die betroffen

Vermögenseigentümer scheinen sich erfolgreich dagegen zu wehren, diesen Schalter ihrer Privilegien umzulegen. Klingen die Einwände, die in der Öffentlichkeit verbreitet werden, überzeugend?

Das Bundesverfassungsgericht habe 1995 die Vermögensteuer als grundgesetzwidrig erklärt, wird behauptet. Tatsächlich haben die Richter jedoch nur gefordert, den Widerspruch zu beseitigen, den sie darin sehen, dass Immobilienvermögen mit dem Einheitswert von 1964, Geldvermögen dagegen mit dem aktuellen Verkaufswert besteuert werden. Dass die Vermögensteuer eine zulässige Form des Steuerzugriffs ist, haben sie nicht bestritten.

Die betroffenen Vermögenseigentümer berufen sich auf einen inzwischen wieder aufgehobenen »Halbteilungsgrundsatz«, gemäß dem die Gesamtsteuerbelastung sich höchstens in der Nähe einer hälftigen Teilung zwischen privater und öffentlicher Hand bewegen dürfe. Diese Gefahr besteht bei einem Spitzensatz der Einkommensteuer von 42 bis 45 Prozent wohl nicht.

Gegen eine Vermögensteuer wird auch eingewendet, dass sie als Steuer auf die Substanz eine Doppelbesteuerung sei und deshalb unzulässig. Nun ist die Vermögensteuer mit einem Steuersatz von 1 bis 5 Prozent eine Ergänzungssteuer. Zudem entspricht sie dem Grundsatz der Besteuerung nach der Leistungsfähigkeit, denn das Vermögen selbst (und nicht nur dessen Ertrag) erhöht die Freiheits- und Handlungsspielräume des Eigentümers, die ihm etwa durch den Zugang zu Krediten, höheren Wohnkomfort, Parkanlagen und Ferienhäuser zur Verfügung stehen.

Das Argument höherer Leistungsfähigkeit, das einer Vermögensteuer zugrunde liegt, wird ergänzt durch das der gleichen Gerechtigkeit und Solidarität. Sowohl bei der deutschen Einigung als auch bei der Bankenrettung sind die Vermögenden und Gläubiger geschont worden, während den unteren Einkommensgruppen und Beziehern von Sozialleistungen erhebliche Einschnitte zugemutet wurden. Deshalb sollen sich die exklusiv Reichen an den öffentlichen Lasten beteiligen und sich der dringenden Finanzierung öffentlicher Güter nicht weiter entziehen, etwa der Aufgaben des Sozialstaats, der öffentlichen Infrastruktur, der Bildung, Gesundheit und Pflege, des ökologischen Umbaus der Verkehrssysteme und Energieversorgung, der kommunalen Einrichtungen wie Bibliotheken, Schwimmbäder und Jugendzentren.

Eine Vermögensteuer sei riskant, weil sie zu Manipulationen der Gewinn-und-Verlust-Rechnung in der Steuer- beziehungsweise Handelsbilanz verleitet. Gegenüber Aktionären könnten Gewinne ausgewiesen werden, gegenüber dem Staat Verluste. Oder Privatvermögen könnte in Betriebsvermögen umgewidmet werden, damit es privilegiert behandelt oder dem Steuerzugriff ganz entzogen wird. Um solchen Einwänden zu begegnen, sollte die Unternehmensbilanz transparent gestaltet werden. Dann lässt sich das Privatvermögen so besteuern, dass die Leistungsfähigkeit des Betriebes nicht beeinträchtigt wird. Die Steuer auf das Betriebsvermögen muss anderen Kriterien folgen als die auf das Privatvermögen.

Dass die Wettbewerbsfähigkeit der deutschen Wirtschaft durch eine Vermögensteuer beeinträchtigt werde, ist ein verbreitetes, aber relativ schwaches Argument. Denn die finanzielle Belastung der geforderten Vermögensteuer bleibt hinter der in Frankreich, Großbritannien oder den USA zurück.

Öffentliche Güter

Der marode Zustand von Straßen und Brücken, die Pannenserie der Rüstungsprojekte und Fluggeräte in Auslandseinsätzen der Bundeswehr und schließlich die skandalösen Übergriffe von Wachmannschaften privater Subunternehmer auf Asylbewerber haben die aufgestaute öffentliche Wut über die Selbstzerfaserung des Staates zum Kochen gebracht. Auch das paranoide Beharren auf Schuldenbremsen, schwarzen Nullen der öffentlichen Neuverschuldung und den rigiden Sparauflagen, die Mitgliedsländern der EU auferlegt werden, sind Warnsignale dafür, dass der Schalter eines ansteckenden Privatisierungsfiebers umgelegt werden sollte, um die soziale Ungleichheit und gesellschaftliche Polarisation sowohl in Deutschland als auch in Europa zu verringern.

In wirtschaftstheoretischen Reflexionen, die sich in der Nähe der Staatswissenschaft bewegen, wird zwischen öffentlichen und privaten Gütern unterschieden. Öffentliche Güter zeichnen sich durch zwei Eigenschaften aus: Von ihrer Nutzung kann niemand ausgeschlossen werden, und die Nutzung eines Gutes durch eine Person geht nicht zu Lasten der Nutzung durch eine andere. Der Charakter eines öffentlichen Guts, das nicht dem Ausschließungsprinzip und nicht dem Rivalitätsprinzip unterliegt, ist kein Naturereignis, sondern Ergebnis einer gesellschaftlichen Vereinbarung: Solche Güter, die allen Mitgliedern unabhängig von Kaufkraft und Leistungsvermögen zugänglich sein sollen, werden zum Bestandteil der allgemeinen Daseinsvorsorge erklärt – beispielsweise: Arbeit, Gesundheit, Bildung, Wohnung, Kommunikation, die natürliche Umwelt, der Regenwald, die Atmosphäre oder die hohe See. Die Marktsteuerung, die ausschließlich auf Signale individueller Kaufkraft und des Leistungsvermögens reagiert, ist für öffentliche Güter taub und blind. Sie müssen vom Staat bereitgestellt werden. Deshalb ist das Ausbluten der allgemeinen Daseinsvorsorge dumm und fahrlässig, was ich am Beispiel der Güter Gesundheit und Bildung verdeutlichen will.

Gesundheit und Bildung sind öffentliche Güter, insofern gesunde und gebildete Individuen auf andere ausstrahlen und die Gemeinschaft bereichern. Sie wirken positiv auf Familien, Unternehmen und Verbände. Umgekehrt sind verbreitete gesundheitliche Beeinträchtigungen ein gesellschaftliches Risiko, das einzelnen Personen nicht zurechenbar ist. Folglich sind sie durch öffentliche und solidarische Arrangements abzusichern. Zudem gehören Gesundheit und Bildung zu den Vertrauensgütern. Zwischen Ärztinnen und Patienten oder zwischen Lehrenden und Lernenden besteht eine fachlich und persönlich asymmetrische Beziehung. Gesundheitlich Beeinträchtigte begegnen Ärzten oder Schüler ihren Lehrerinnen mit einem großen Vertrauensvorschuss, der nicht enttäuscht werden darf. Deshalb sind Gesundheits- und Bildungsgüter weithin einer starken öffentlichen Aufsicht und Kontrolle unterworfen. Werden sie privat angeboten, sollten sie in einen festen öffentlichen Rahmen eingebettet und zudem streng geregelt sein.

Gesundheit und Bildung sind ein Grundrecht, sie gehören zu den elementaren Menschenrechten. Ein chancengleicher Zugang zu Gesundheits- und Bildungseinrichtungen beziehungsweise deren Ausrichtung auf den chancengleichen Zugang aller, und zwar unabhängig von der eigenen Kaufkraft oder der Kaufkraft ihrer Familien, ist durch das wuchernde kommerzielle Regime nicht erreichbar. Deshalb sind Gesundheits- und Bildungseinrichtungen öffentlich bereitzustellen und erneut öffentlicher Aufsicht und Kontrolle zu unterstellen. Private Krankenhäuser, Pflegeeinrichtungen und Bildungseinrichtungen können ergänzend zugelassen werden, sollten jedoch innerhalb der öffentlich markierten Schranken betrieben werden.

Zeitautonomie

»Samstags gehört Vati mir.« So kündigte in den 1950er Jahren ein freundlich strahlender Junge mit erhobenem Arm den arbeitsfreien Samstag und eine profilierte Wochenendkultur an. 1984 hatten die Gewerkschaften mit einem erbitterten Streik den Einstieg in die 35-Stunden-Woche erkämpft. Sie wollten den Trend einer kollektiven Arbeitszeitverkürzung fortsetzen, die in hundert Jahren die wöchentliche Arbeitszeit je Erwerbstätigen halbiert hat. Sollte dies alles Schnee von gestern sein? Fast dreißig Jahre lang blieb dieses Anliegen in den Schubladen verschwunden. Dabei leiden Arbeiter und Manager darunter, dass die gleiche Arbeit in der Hälfte der Zeit erledigt werden soll, zumal die Grenze zwischen Erwerbsarbeit und Privatsphäre löcherig geworden ist. »Ich kann nicht mehr«, klagt selbst ein Mädchen aus der siebten Klasse über den Schulstress, der krank macht. Die seit 1995 erzwungene Verlängerung der Wochenarbeitszeit der Vollzeitbeschäftigten auf derzeit durchschnittlich 42 Stunden ist umkehrbar. Ärzte und Krankenkassen monieren, es müsse Schluss damit sein, dass betriebliche Interessen auf die Eigenzeit der Mitarbeiterinnen und Mitarbeiter übergreifen.

Eine kollektive Verkürzung der Erwerbsarbeitszeit mit gestaffeltem Lohnausgleich würde den Produktivitätszuwachs nicht bloß in mehr Einkommen, sondern auch in beziehungsintensive Festzeit verwandeln. Sie würde den zusätzlichen Konsumsog und

Wachstumsschub durchkreuzen, die Wachstumsspirale ausbremsen und die Umweltzerstörung verlangsamen. Sie würde auch die soziale Ungleichheit und gesellschaftliche Polarisation in der Verteilung der Arbeits- und Lebenszeit radikal verringern.

Für junge Eltern hat die Familienministerin Manuela Schwesig bereits ein solches innovatives Zeitregime entworfen, das die politische Klasse leider binnen einer halben Stunde zerfetzte. Indem ich es auf alle Personen ausweite, folgt daraus eine dreifache Saldierung: erstens zwischen der tatsächlichen unfrisierten Zahl von sechs Millionen Arbeitsuchenden und jenen Erwerbstätigen, die weit über die derzeit durchschnittliche Wochenarbeitszeit hinaus zu arbeiten genötigt sind. Zweitens zwischen dem jeweils ungleichen Anteil der Männer und Frauen an der Erwerbsarbeit beziehungsweise an der unentgeltlichen Kinderbetreuung und Altenpflege in der Privatsphäre. Und drittens zwischen den in einer Normalarbeitszeit Beschäftigten und den befristet, prekär und in Teilzeit Beschäftigten. Im rechnerischen Ergebnis könnten die Erwachsenen in Deutschland sich eine durchschnittliche Erwerbsarbeitszeit von etwa dreißig Stunden pro Woche leisten. Der Zeitwohlstand würde steigen, die irrsinnige Messzahl des Bruttosozialprodukts könnte geschreddert werden.

Ein anderes Europa

»Europa ist keine Sozialunion«, behauptet Bundeskanzlerin Angela Merkel. Aber da irrt sie. Sie mag an den Binnenmarkt, die Währungsunion und den Maastricht-Vertrag denken, der eine Haftung Deutschlands für die Schulden anderer Mitgliedsländer ausschließt. Der Prozess der Europäischen Integration ist jedoch älter als die deutsche Einigung vor 25 Jahren. Im EU-Vertrag und im Vertrag über die Arbeitsweise der EU verpflichtet sich die Union, die Solidarität zwischen den Mitgliedstaaten zu fördern und den wirtschaftlichen, sozialen und territorialen Zusammenhalt zu festigen. Es gibt fünf verschiedene Ausgleichsfonds für benachteiligte Regionen, um die Lebensverhältnisse der Mitgliedsländer einander anzunähern. Die Europäische Sozialcharta und die Gemeinschaftscharta sozialer Grundrechte für Arbeitnehmer sind Bestandteil der Verträge, die auch ansatzweise eine gemeinsame Zuständigkeit für die Sozialpolitik formulieren. Zudem bindet der soziale Dialog Gewerkschaften und Arbeitgeberverbände in das Gesetzgebungsverfahren der Union ein.

Was braucht Europa, um die soziale Ungleichheit, die Polarisation der Lebensverhältnisse, die separatistischen politischen Strömungen innerhalb der

Union sowie das Zurückschieben der Flüchtlinge und Asylsuchenden an ihren Grenzen aufzuhalten?

Die Schalter, die umgelegt werden müssen, betreffen erstens die Konstruktionsfehler der Währungsunion, die ausschließlich auf monetäre Stellgrößen fixiert ist. Dabei kann sie nur überleben, wenn gleichzeitig die Stabilität der Vermögenspreise und die realwirtschaftlichen Ziele wie Wachstum und Beschäftigung in den Blick genommen werden. Die Zentralbank sollte durch einen Europäischen Währungs- und Stabilitätsfonds entlastet werden, der regionale Ungleichgewichte zwischen Ländern, die Zahlungsbilanzdefizite aufweisen, und solchen, die Überschüsse erzeugen, ausgleicht. Die Defizitländer erhalten kurzfristige Kredite, die Überschussländer werden sanktioniert, damit sie die strukturellen Überschüsse beseitigen.

Zweitens sollte der dumpfe Schuldenmythos nicht von den spekulativen Attacken der Finanzmärkte gegen bedrängte Mitgliedstaaten ablenken. Warum kann die Zentralbank den Staaten nicht unter strengen Auflagen zinslose Kredite zur Verfügung stellen, die ausschließlich dazu verwendet werden, die Bereitstellung öffentlicher Güter auf lange Sicht zu finanzieren?

Drittens sollte das Gemeinschaftsrecht aufgewertet und nicht durch bilaterale Verträge der Mitgliedstaaten, die nur für ausgewählte Länder gelten, umgangen werden, so dass immer mehr ein Europa der zwei Geschwindigkeiten entsteht.

Viertens ist die räumliche Dimension des sozialen Ausgleichs, die in den Verträgen der Gemeinschaft als Option der Solidarität und des territorialen Zusammenhalts formuliert ist, rechtsverbindlich zu verankern. Wie in den Mitgliedsländern ein föderaler Finanzausgleich als Gegengewicht gegen zentripetale Tendenzen nicht umstritten ist, sollte auch die europäische Solidarität schrittweise in eine verbindliche Transfer- und Sozialunion münden.

Fünftens wehren sich die Defizitländer zu Recht gegen die hegemoniale, schulmeisterliche Rechthaberei der deutschen Regierung. Diese neigt dazu, respektable Spargewohnheiten einer schwäbischen Hausfrau oder eines hanseatischen Buchhalters in einem kurzschlüssigen Verfahren auf europäische oder globale Kreislaufzusammenhänge zu übertragen. Ein Europa nach deutschem Strickmuster ist kein demokratisches und solidarisches Europa.

Sechstens braucht Europa im globalen Kontext, seitdem die Pax Americana brüchig geworden ist, eine große Erzählung jenseits militärischer Aufrüstung und Aufholjagd auf vergleichbare Niveaus der USA oder asiatischer Staaten. Die Europäische Union könnte mit der Vielfalt der Sprachen und Kulturen sowie in der vollen Entfaltung der Menschenrechte ein unverwechselbar einladendes Profil in die Waagschale globaler Anziehungskraft werfen.

Nachwort

Wer auf meine Bitte zu teilen wohlwollend reagiert, mag dennoch das relative Übergewicht bedauern, das die Beschreibung sozialer Ungleichheit und die Prüfung ihrer Ursachen eingenommen hat. Doch das Sehen und Urteilen, wenn es sozioökonomisch gewendet wird, kann mittelbar zu Entscheidungs- und Handlungsimpulsen werden. Ich habe den Hauptakzent auf den Wechsel der Priorität gelegt, die dem Teilen bei der Entstehung der Wertschöpfung zukommt – gegenüber einer Umverteilung, nachdem diese bereits privat angeeignet ist.

Allerdings soll die Verteilungsoption das Streben nach wirtschaftlicher Leistungsfähigkeit umlenken. Sie selbst jedoch sollte nicht gegen die Option eines schonenden Umgangs mit der natürlichen Umwelt ausgespielt werden.

»Teilen« ist eine Einladung, das persönliche Denken und Empfinden den Armen, Benachteiligten und Flüchtlingen in der näheren Umgebung und in der

Ferne zuzuwenden. Gleichzeitig ist soziale Ungleichheit in Deutschland und Europa politisch erzeugt. Ihre Überwindung fällt in den Mandatsbereich von staatlichen Organen, privaten Unternehmen, Gewerkschaften, Wirtschaftsverbänden und zivilgesellschaftlichen Initiativen. Die krasse Schieflage der Verteilung der Einkommen und besonders der Vermögen schreit nach einer politischen Korrektur.

In dieser Schrift hat die Wertedebatte keine Rolle gespielt. Ich mag das großspurige Reden der Konzernchefs über »Visionen, Sendungen und Werte« ebenso wenig hören wie die Floskeln der Politiker von den Wertegemeinschaften, die sie mit den jeweiligen Außenhandelspartnern entdecken, die bei ihnen zu Besuch aufkreuzen. Auch die Rede über christlich-abendländische Werte, die das Grundgesetz oder die Europäischen Verträge eingefärbt hätten, widert mich an. Diejenigen, die an den Rand gedrängt, ausgegrenzt oder gar ins Mittelmeer versenkt werden, haben Rechte – zu überleben, beteiligt und befreit zu werden. Und die Reichen, Starken und Gesunden sind dazu verpflichtet, diese Rechte einzulösen. Vor allem sind sie dazu verpflichtet, die an den Rand Gedrängten an dem, was sie sind und haben, zu beteiligen. Deshalb kann ich mich auch nicht mit dem Begriff der Teilhabe anfreunden. Er klingt nach einem Gewähren dessen, worüber die einen verfügen und woran die anderen teilnehmen dürfen. Doch die Benachteiligten und Asylbewerber haben Beteiligungsrechte, die zu respektieren sind. Die öffentlichen Haushalte müssen finanziell so ausgestattet sein, dass der Staat und vor allem die Kommunen diese Rechte einlösen können.

Ich gebe zu, dass neue und anspruchsvolle Konzepte des Teilens daran scheitern können, dass eingefahrene Pfade der Umverteilung nicht verlassen werden sollen. Aber wieso können politische Akteure, die in eine Sackgasse hineingeraten sind, einen gewählten Pfad nicht aufgeben und umkehren? Wir sollten nicht Güter herstellen, die andere und uns töten. Wir sollten die Güter der Erde mit anderen teilen.

Anmerkungen

1 Thierse, Wolfgang: *Frankfurter Rundschau,* 20.06.2000, S. 7
2 Dennis J. Snower: Wirtschaft, Wissenschaft und Wohlbefinden, *Frankfurter Allgemeine Zeitung*, 14.02.2014
3 Papst Franziskus: *Die Freude des Evangeliums*, Freiburg-Basel-Wien 2013, S. 95
4 Ebd., S. 99
5 Thomas Piketty: *Capital in the Twenty-First Century*, Cambridge/London 2014 (deutsche Ausgabe: *Das Kapital im 21. Jahrhundert*, München 2014)
6 Christa Wolf: *Kassandra*, Frankfurt am Main 1989, S. 75–84
7 Kirchenamt der Evangelischen Kirche in Deutschland/Sekretariat der Deutschen Bischofskonferenz (Hg): *Für eine Zukunft in Solidarität und Gerechtigkeit. Wort des Rates der EKD und der DBK zur wirtschaftlichen und sozialen Lage in Deutschland*, Bonn 1997, S. 87
8 http://www.domradio.de/themen/papst-franziskus/2013-07-08/papstpredigt-zur-solidaritaet-mit-fluechtlingen-im-wortlaut
9 Reinhard Mey: Menschenjunges, Songtexte 2010
10 Oswald von Nell-Breuning: Wie »sozial« ist die »soziale Marktwirtschaft«? in: *Den Kapitalismus umbiegen. Schriften zu Kirche, Wirtschaft und Gesellschaft. Ein Lesebuch*, Düsseldorf 1990, S. 222–238, 236

11 Randolf Rodenstock: *Chancen für alle. Die neue soziale Markt-wirtschaft*, Köln 2001

12 Rolf-E. Breuer: Die fünfte Gewalt, *Die Zeit*, 24.04.2000, 21 f.

13 Werner Sombart: *Der moderne Kapitalismus III*, Band 1, München und Leipzig 1928, S. 272

14 Gert G. Wagner: Gut gemeint, aber nicht gut gemacht, *DIW Wochenbericht 47/2011*, S. 24

15 Ulrich Beck: *Risikogesellschaft. Auf dem Weg in eine andere Moderne*, Frankfurt am Main: 1996, S. 134

16 Niklas Luhmann: *Paradigm lost: Über die ethische Reflexion der Moral. Rede von Niklas Luhmann anlässlich der Verleihung des Hegel-Preises 1989*, Frankfurt am Main 1990, S. 41

17 George Soros: Moral an die Börse!, *Die Zeit*, 02.10.2000, S. 27

18 Papst Paul VI.: Populorum Progression Nr. 23

19 Papst Paul VI · Populorum Progressio Nr. 59

20 Papst Pius XI.: Quadragesimo Anno Nr.109

21 Papst Johannes Paul II.: Centesimus Annus Nr. 35